憂《ゆう》鬱《うつ》な毎日は“いますぐ”やめなさい。

岡崎かつひろ

きずな出版

「毎日が憂鬱《ゆううつ》で、つらい」

「将来に、漠然と不安がある」

「スタッフや部下、友人との関係に悩んでいる」

そんな人のために、この本を書きました。

Prologue

憂鬱な人生よ、さようなら

はじめまして。

まず、あなたと出会えたことに、心から感謝申し上げます。

私は岡崎かつひろと申します。とはいっても「この本の著者が誰であるか」ということは、大した問題ではないかもしれません。

私の著書3作目となる本作ですが、過去の2作はいずれもベストセラーとなり、多くの方に読まれることとなりました。前作を読んでくださった方が、そこからの期待を込めて本書を手に取ってくださった、ということもあると思います。

しかし、私のことをまったく知らずに、この「憂鬱」というテーマ自体が気になり、手に取ってくださった方のほうが、多いのではないでしょうか？

なぜなら、私たちは日々、さまざまな「憂鬱」にさいなまれているからです。

現代社会は過去、類を見ないほどの豊かさを実現しています。

先進諸国において、朝から晩まで働かなければ生活ができないという現実は少なくなりました。毎日8時間も仕事をすれば、生活に支障はなくなっています。

でも、じつはこれは第二次産業革命以前には考えられないことでした。

さまざまな機械が発明され、仕事は効率化され、人間がしなくても機械が仕事をしてくれる世界を実現しました。その結果、人類は豊かになり、ただ食べるためだけに働くという生き方から解放されてきました。

歴史的に見ると、現代社会はこれまでのどの時代よりも、技術の恩恵によって時間を得て、自由を謳歌《おうか》していることになるのです。

しかしその一方で、働けど働けど豊かさを享受できず、十分さを感じられていない人もたくさんいることは事実です。

過去いた我々の祖先よりも明らかに豊かであるはずなのに、なぜそんなことが起こっているのでしょうか？

経済学者のケインズは、

「2030年までに、人類は週15時間労働で十分になる」

という予測を立てました。

そして、それはいま実現しようとしています。

ITの進歩により、我々は場所を問わず仕事をすることが可能になりました。

AIの登場により、知的労働からすらも解放される時代が目の前にあります。

そして、ロボティクスは単純労働だけでなく、人間にしかできなかった医療行為なども可能にしようとしています。

つまり、働くということの意味を再考しなければならない時代になったのです。

もしあなたの仕事がなくなっても、あなたは幸せでいられますか？

もし職場というコミュニティを失っても、あなたは幸せでいられますか？

もし社会があなたの幸せを保証してくれなくても、自力で幸せになれますか？

あなたはいま、この本を手に取りました。

これは、

憂鬱からの卒業

の、きっかけになるでしょう。


さらに、本書には特別な仕掛けが施してあります。

憂鬱な毎日に悩む「とある男」のストーリーと並行して、進んでいくのです。

ぜひ、ご自身の立場や感情と重ね合わせて、読み進めてみてください。

最後まで読み終わったころには、あなたが感じている漠然とした不安、疑念、猜疑心、嫌悪感……それらが一蹴されていることを約束します。

そして、あなたが憂鬱から解放され、自分らしく生きる第一歩になる、記念すべき一冊になることでしょう。

そのための期待と覚悟、そして勇気はありますか？

さあ、第一歩を踏み出しましょう。

―とある憂鬱な男の物語―

腹が立つほど、清々しい朝だ。

斉藤正は、社会人3年目を終えようとしている。

彼にとって「今日」ほど憂鬱な「毎日」はない。

「今日も嫌な1日が始まったか……」とため息をつきながら、会社に向かう準備をする。

正は、朝のニュースを見ながら準備をするのが日課だ。

暗いニュースが多い。どこそこで大きい事故があった、芸能人の誰々が不倫をした、政治で不祥事があった、不景気で会社がつぶれた……。

ときおり流れる、有名人の結婚などの幸せなニュース。素直に喜べばいいものを、それにさえ不満を感じる。

「幸せそうにしやがって、こっちの気も知らずに」

思わず毒づくが、もちろん正もバカではない。

世間はこっちの気持ちなんて、知るはずもないのだ。

でも、そう思わずにはいられない。

ただうらやましいだけなのだが、それを認めたくない自分がいる。

なんで「正」なんて名前をつけられてしまったのだろう。正と書いて「ただし」と読む。正しく生きなさいという願いを込めてつけたそうだ。時代を先取りしすぎたキラキラネームよりはマシかもしれないが……。

期待に応えようと、一生懸命にここまでやってきた。でも、もう疲れてきた。親の期待、先生や上司の期待、友人の期待……誰かの期待に応えようとがんばるほど、自分がすり減っていく感覚がある。

そもそも「正しさ」ってなんだ？

「誰かにとって正しいこと」が「誰かにとって正しくないこと」というのは、よくある。昨日もそうだった。うちの上司が正しいと言うことが、ほかの部署に聞いたら正しくないと否定されてしまった。

確かにどちらにも一理あった。その間に挟まれて仕事をすることにも疲れている。結局、何が正しいのかわからない。みんな自分が正しいと言う。

そんなことを考えながら出社の準備を終えると、次の憂鬱が待っていた。

「正、最近、仕事はどうなの?」

実家暮らしのため、親が聞いてくる。

親にとってはまだ子どもなのだろう。いつまでも心配ばかりされる。

仕事のことなんて答えたってわからないのに、聞いてくる。答えるほうも疲れる。

「大丈夫、順調だよ」

「そう、それならよかったけど、無理しないでね」

いつものやりとりだが、チクリと胸に刺さる。正直、いまは仕事を辞めたい。

しかし、それを言ったら面倒なことになることがわかっている。心から思う、いちいち聞かないでほしい……。

あるときのこと、いい加減自立したいと思い、一人暮らしを相談したことがある。

すると、一人暮らしすらも反対された。

「会社まで通える距離なんだから、家を出るなんてもったいない。一緒にいることが親孝行なんだから、可能な限り実家にいなさい」

これが親の言い分だ。

正直、いい加減に子離れをしてほしい。そう思って食い下がると、

「私たちを見捨てるの！　ここまで育ててきたのに、私たちは何も報われないじゃない！」

と、母が泣き出したのだ。

その横にいる父は、何も言えずにただ静かにしていた。

「ごちそうさま……」

いつものように朝食をとり、軽い挨拶をすませると、やっと家を出ることができた。

近所の子どもたちが登校中だ。彼らはいつも明るい。

自分にもそういうときがあったんだよな、と思いながら失笑する。

子どもの頃は大人になるのが楽しみだった。でも、いまは「子どものままだったらよかったのに」と思う自分がいる。

駅までは、徒歩15分ほど。近いようで遠い。

今朝は少しゆっくりしすぎて、ギリギリになってしまった。

自転車に乗ろうかと少し迷ったが、すぐに迷うだけ無駄なことに気がついた。

先日、タイヤの空気が抜けていることに気づかずに乗って、パンクしてしまったのだ。

何もかもうまくいかない。すぐに直せばよかったが、自転車屋まで遠い。直しに行くのが面倒になってしまったツケを、いま払うことになった。どこまでもついてない。

「ライン♪」

スマホから、高らかな声が聞こえた。

この時間は彼女からだろう。

彼女は2歳年上で、まわりも結婚しはじめているらしく、ちょこちょことジャブを入れてくる。まだこっちはそんな気持ちでもない。決して嫌いではないし、もし結婚するなら彼女だとも思っている。

しかし勇気がない。本当に養っていけるという自信もない。

その割に、こっちの気も知らずに自分の希望だけは言ってくる。

「いい加減にしてくれ……」

思わず口に出てしまい、近くにいた子どもたちが不思議そうな顔でこちらを見ている。その場にいるのが気恥ずかしく、足早に駅へ向かう。

3年前、社会人になるときには期待に満ちあふれていたのに、何を間違ってしまったのだろうか……。

いい大学に入学し、大手の会社に入って、出世していけば必ず幸せになれる。

そう思っていた。

しかし、現実はそんなに甘くない。

社会に出てみると、いまは学歴なんて関係なくなってきている。

仕事ができるできないと、学歴は単純に比例していないからだ。

もちろん学歴も高く、仕事ができる人もいっぱいいるが、学歴の割に大して仕事ができない人もいる。そういう人の、周囲からの評価は著しく厳しい。

期待にあふれた社会人生活は、ビールの泡のように消え、いまでは気の抜けたビールのように、まずい。

結局、大手に入ったからといって、幸せになれるということではなさそうだからだ。

悪くはないが、よくもない。

毎日をこなすだけの人生。

これが、本当に俺が望んだ人生なのか？
これが、本当に俺の幸せな人生なのか？
見えない現実に振り回される感じに、言葉にしづらい虚無感がある。

「俺って、本当は人生どうしたいんだろう？」

Chapter 1 なぜ、日常はこんなにも憂鬱で満ちているのか？

Chapter 2
不安・不満・不自由を振り払え

Chapter 3
人生の質は人間関係が9割

Chapter 4

「努力は報われない？」がなくなる仕事術

ブックデザイン　池上幸一

憂鬱な毎日は〝いますぐ〟やめなさい。

Chapter 1

なぜ、日常はこんなにも憂鬱で満ちているのか？

行きの電車はいつもの通り、これ以上ないくらい満員だ。

駅のホームに入ってくる電車をよく見ると、少し横に膨れ上がっている。駅員が乗客を詰め込みすぎるのと、無理に乗ろうとして駆け込む人のせいに違いない。

そんなに慌てて乗るくらいなら、あと5分早く家を出ればいいだけなのに……と思いながら、自分を棚にあげている。

通勤で乗っている電車は、満員で有名な埼京線だ。

便利だから人が集まるのだろうが、いくらなんでも人が多すぎる。

押し込まれながら電車に乗り、両手を頭の上のつり革にあげた。

理由は簡単だ。痴漢と間違われたくないからだ。

隣に若い女性がいるが、好みではないし、痴漢という間違った趣味もない。

しかし冤罪が多い世のなかで、間違っても巻き込まれたくないというのが信条だ。女性も大変だろうが男も大変だ。

この半年くらいの間、ずっと憂鬱な気持ちが止まらない。

始まりは、尊敬していた上司に関わることだった。

人柄もよく仕事もできる、最高の上司だと思っていた。

よく2人で飲み、仕事や人生について語り、多くを学ばせてもらった。

この人について仕事をしていきたい、と本気で思っていた。そんな人に出会えることは普通ではないと学生時代の同期には言われたが、どうやら恵まれていたらしい。

しかし、その上司が左遷《させん》されてしまった。

風の噂だが、周囲との折り合いはイマイチだったらしい。とくに、上の部長とはよくやり合っていた。部長は、自分にとって都合のいい人を周囲に置きたいらしく、まわりはイエスマンばかりだ。誰も不満なんて言いやしないし、言える環境ではない。

「気に入らない人間は左遷する」という部長の姿勢に腹を立て、将来に憂鬱を感じ始めたのだ。


「赤羽〜赤羽〜」

ここの乗り換えが一番ひどい。幸いこのまま新宿まで一本だが、人の入れ替わりがすごいことになっている。渋谷のスクランブルも可愛く見えるのは、俺だけか？

数日前、この激しい乗り換えのなかで女性に足を踏まれた。彼女はピンヒールを履いていた。おそらく素足を踏まれていたら骨折は免れなかっただろうが、ピンヒールは足をかすめただけですんだ。その代償は、革靴に穴が空くという結果だった。聞いた話だが、ピンヒールの威力は、象が踏みつけるのと変わらないらしい。

お気に入りだった革靴はあえなくオシャカにされ、その女性は、乗り換えの人ごみのなかに消えていった。本当についてない……。

学生時代に思い描いていた社会人3年目は、すでに出世街道に乗り、ドラマのような華々しい生活の一歩を踏み出している自分だった。

こんな満員電車に乗って会社に行く自分なんて、想像もしていなかった。

同期のなかでも、仕事はがんばってきたほうだと思う。

しかし、実際には出世する機会なんて訪れず、言われたことをこなす日々……。

こんなにがんばっているのに、誰も自分のことなんて見てくれていない。

努力することに、意味なんてあるのか?

いろいろと考えていると、新宿についた。

ここからまた10分ほど歩く。今日はギリギリになってしまったので急ぎ足で向かう。

時計の針は8時50分。ひとまず間に合う時間にはいる。問題はエレベーターの渋滞だ。従業員が多いせいか、朝のエレベーター待ちがひどい混雑になるのだ。

こんなことなら、汚いビルでもいいから、階段を使えるオフィスにしてほしいものだ。

景色のよさと、デザインのかっこよさに惹かれたオフィスが、いまではイラ立ちの対象にしかなっていない。

ようやくエレベーターに乗ると、また新しい憂鬱が襲ってきた。

課長と顔を合わせたのだ。

自分が楽をすることばかり考えてるくせに、人のミスにはうるさい人。

この人に課長が務まるのなら、俺がやったほうがよっぽどマシだ。

いっそ転職しようかと思うが、残念ながら転職するほどの勇気も出ない。

大手の看板を失って、ほかの会社で果たして自分は通用するのだろうか？


学生時代の友人に、ベンチャー企業に入った子がいる。みんな彼女のことを笑っていた。

ベンチャーなんて入っても将来は約束されない、と。

でも蓋を開けてみれば、彼女は大きな仕事を任され、25歳でプロジェクトのリーダーをしているらしい。仕事の一部しか任されていない自分とは大違いだ。

大手に入社し、言われたことしかしてこなかった代償を、こんな形で支払うことになるとは思ってもみなかった。

こんなことなら、俺もベンチャーに入ったほうがよかったんだろうか……。


その彼女に誘われて行った講演会で、ある経営者が言っていた。

「人生は選択だ。いまは自分の選んだ結果だし、これからだって選択次第で人生は選べる」

そのひと言に「自分の人生、こんな選択をした覚えはない！」と自分自身に腹を立たせたのが、なぜか胸に残っている。

人生は選択。
選択できるというのなら、いったい何を選択すれば幸せになれるんだ？
この憂鬱な気分は、いつ晴れるんだ？
学生時代に夢見ていた社会人生活は、いつになったら訪れるんだ？
天気とは裏腹に、晴れない気分を胸に、エレベーターはオフィスについた。

私たちが憂鬱を感じてしまう本当の理由

「社会人3年目の憂鬱」

もちろん3年目に限った話ではないのですが、あなたにはありましたか？

もう体験した人、まだ体験していない人、いままさに体験している最中の人、それぞれいるかもしれません。

誰もが「憂鬱な気分」というものは、味わいたいものではないはずです。

では、私たちはどんなときに憂鬱という気分を味わうのでしょうか？

たとえば彼女とのデートかもしれません。

付き合いたての頃は、会うのが楽しみでしょうがなかった彼女との時間。でも、会うたびにだんだんとわがままになっていき、多くのリクエストに応えなければならない。そんな気持ちで会っていると、会う前から憂鬱になってくる。

女性だって同じように思っているかもしれません。いつも単調なデートの繰り返しで刺激がない。何も考えずに同じことを繰り返す、つまらない男性とのデートが憂鬱。

私はお酒が好きなのでよく友人と飲むのですが、既婚男性で「帰宅が憂鬱だ」と言う人も少なくありません。帰って妻にぼやかれるのがつらい、子どもの面倒も疲れている自分には正直しんどい……。

そんなことを言っていると、女性側にも言い分があります。

仕事のことばかりで、家庭を大事にしてくれない。結婚する前まではあんなに魅力的だったのに、結婚した途端に横に大きくなって、結婚前とは別人じゃない！

ほかにも言い出したらきりがありません。

仕事の憂鬱もたくさんあります。

期待されていた通りの結果をつくれていないとき、約束した期限が守れそうにないとき、失敗してそのリカバリーに追われているとき……。

そんなときは誰だって、憂鬱な気分を味わうものなのです。

もちろん、私にもそんなタイミングがありました。

入社3年目の終わりです。

当時、会社員として遮二無二がんばって3年、毎月100時間の残業をあたりまえにこなし、会社に寝泊まりすることも少なくない、という日々でした。

そんななか翌年の出世の内定をもらったわけですが、職種の変更があり、「見込み残業代」という制度によって、収入が下がることが確定していたのです。

「**なんでこんなにがんばって仕事をして、出世まで決まったのに、収入が下がるんだ！　納得いかない！**」

このように、猛烈な怒りを感じました。

しかし、それを自分でどうしようもない無力感から、憂鬱になっていたのです。

自分の期待通りに物事が運ばないこと、そしてそれを自分の力だけではどうしようもないこと、会社をよくしたいとがんばっていても、会社は言うほど自分の期待に応えてくれないということ、それらがあいまって、憂鬱を感じていたのだと思います。

さらには、プライベートでも彼女と結婚するかもしれないという時期にありました。

大手とはいえ薄給のなか、家族を養うほどの自信もない。別れたほうが楽なのではないかとすら思っていたほどです。

その憂鬱を発散するために、私のとった行動は「転職をしよう！」ということでした。

それが、私の人生の転機になります。

さて、ここで気づかなければならないことがあります。

それは、

憂鬱は、あなたが次のステップに進むサインだ

ということです。

憂鬱を感じるということは、人生があなたを突っついているのです。

「いまが変わるときだ！」

「いままでの自分を卒業しろ！」

「ここで変われば、いくらでも大きく自分を変えることができるぞ！」

というサインなのです。

なぜ、人は憂鬱になるのか？

それは「きっと自分なら、解決することができるはず」と、心のどこかで思っているからです。自分にまったく対処できないことであれば、憂鬱ではなく、あきらめるからです。

私も、もし「もういいや、あきらめよう」と決めていたら、きっと何の行動も起こさず、何も変わらない日常に戻っていたはずです。

憂鬱という感情が、結果的に私を変えるきっかけをくれたのです。

いま、あなたが「憂鬱」を感じているなら、それはあなたを変えるチャンスなのです。

憂鬱とサヨナラする方法 01

憂鬱は「進化のチャンス」だと気づく

「期待」と「現実」のギャップが、憂鬱を生み出している

「解決できると思っているから人は憂鬱になる」とお伝えしましたが、言い方を変えると、**「期待と現実のギャップが、憂鬱を生み出している」**と言えます。

たとえば朝の出社時に、「はあ。満員電車か、憂鬱だな」と思うのだとしたら〝満員電車ではない現実〟を期待しているということです。

先ほどのデートの例もしかり。付き合い始めたときは、「一緒にいられるだけで幸せ」という時期もあったのです。そのときは新しい刺激なんてなくても十分楽しめたし、会うことが楽しみでしょうがなかった。でも、お互いに期待が膨らんでくる。結果的に、期待していたデートと現実のギャップに、だんだん憂鬱になっていくというわけです。

「期待」と「現実」のギャップが憂鬱を生む――。

ということは、憂鬱な気分のときに自己分析しないといけないのは、「自分はいったい何を期待しているのか？」ということです。

自分の期待に気づかなければ、対処のしようがありません。

問題は、ほとんどの人が自分の期待を野放しにしているということです。

あなたは、本当は何を期待しているのでしょう？

たとえば私が、社会人3年目の終わりに、何を期待していたかというと「ドラマのような生活」だったのではないかと思います。

ドラマの世界では、大手企業に入ると華やかな生活が待っていて、優しい上司や美人な先輩がいて、仕事は面白く、実力もつき、誰からも頼りにされるような自分になれる。そんな妄想がどこかにあったのです。

でも実際には、毎月25日に給料をもらうと、27日のカードの支払いで預貯金はほとんどゼロ。困ったらボーナス払いでなんとかしのぐか、飲み会の支払いを自分のカードでおこなって、友人から現金を回収する……。社会人3年もやっていて、そんな生活であることが憂鬱だったというわけです。

あなたの場合、どんな憂鬱がありますか？

- **会社や働き方についての憂鬱**
- **試験や資格の勉強への憂鬱**
- **人間関係の憂鬱**
- **お金にまつわる憂鬱**

など、挙げたらきりがなく出てくることでしょう。

自分が抱えている憂鬱に気づくと、対処のしようが出てきます。

たとえば、次の資格試験を考えて憂鬱になるとします。

なぜ資格試験について考えると憂鬱になるのか？　それは、勉強が追いついていないからです。もう試験対策が完璧でまったく不安がなく、さっさと合格したい！　と思っていたら、ドキドキすることはあっても、憂鬱になるはずがありません。

ではどう対処すればいいのか？　単に勉強する時間を取れていないだけなら、時間の調整について真剣に取り組めばいいでしょうし、1人で勉強するのがつらいのであれば、仲間を見つけて一緒に勉強するのもいいかもしれません。

このように、「資格試験が憂鬱だ」と理解をすれば、いくらでも対処する方法が見つかってきます。漠然とした憂鬱で終わらせず、何が憂鬱なのかを明確にしていきましょう。

憂鬱とサヨナラする方法

02

自分が何に憂鬱を感じているかを明確にする

欠点があるのは
あたりまえ。
大事なのは捉え方だ

講演会の仕事をしていると、面白いもので、さまざまな相談を受けることがあります。

先日も、とある大手企業に勤めるAさんが、私のところにこんな相談を持ってきてくれました。


「最近悩みがありまして。うちの上司なんですが、仕事もできるし、人もいい。しっかりしている方なんですが、自分のミスだけは絶対認めない人なんです。どうしたらミスを認めさせることができますか？」

さて、あなたならどのようにアドバイスしますか？


「ミスの記録が残るように、メールなどしっかり証拠を残しなさい」

「まわりの人にも入ってもらって、全員の共通認識にしておけばいいんじゃない」

「その上司のさらに上の人に相談してみたら？」

などと、アドバイスするかもしれません。

しかし私の答えはこうです。

「いいじゃない。ミスを認められないくらいのこと、許してあげたら」

このことで致命的な仕事の問題が起きてるならまだしも、大した問題が起きているわけでなければ、気にするほうが時間の無駄です。

人間は誰だって完璧じゃない。

多少のダメなところは、誰でもあるものです。

致命的な問題でなければ、気にしないのが一番です。

ちょっとしたことで憂鬱になる人は、自分の正解を人に押し付けていたりします。

とくに、尊敬するあこがれの人には、遠くで見ているうちはいいところしか見えず、自分の正解通りであることを期待してしまいます。

でも、近づいてみると粗が見えてくる。

遠くから見たら綺麗な富士山も、実際に登ってみると石ころだらけなのと一緒です。

「自分の正解」という、理想通りの現実になっていないからといって、ああでもないこうでもないと悩んでしまう。

でも、一歩下がって考えてみてください。

そもそも、あなたは完璧でしょうか？

完璧な人なんて、この世のなかにいません。

自分だって完璧ではないのに、人に完璧さを求めるほうが間違っているのです。

何より、完璧でないところに、その人の魅力があったりもするわけです。

私が起業するきっかけの1人に、大学からの友人がいます。

いわゆる悪友というやつで、一緒にバカなことをたくさんしてきました。

そんな彼と起業しようと、一緒に動き始めた矢先、大きな問題が起きました。

いい人なのですが、時間をまともに守ったことがなかったのです。

いまではそんなことないので書ける話ですが、当時は大変でした。

肝心の打ち合わせに来ない、来たとしても遅れる。

何を言っても直らない彼の遅刻グセに、最初はたくさん苦労しました。

しかし途中から、「これを強みに変えてしまえ！」と開き直って、ビジネスチャンスは広がっていきました。

いったいどうしたのかというと、

「彼は大変忙しい人間で、たくさんの商談を抱えてるんです。今日も来る予定でなかったところを無理に呼んでいるので、ご理解ください。私の調整不足なので……」


と、説明するようにしたのです。

すると先方も、

「そんな忙しいなかで来てくれるなら、それだけでもありがたいよ」

と、なんと遅刻したことすらプラスに取ってくれたのです。

もちろんこれは「時間に遅れていい」という話ではありません。

でも、欠点があるのは誰でもあたりまえと考え、それをどう扱うかの問題だと開き直ったからできたことです。

人を変えようとしても仕方ないのです。だったらその欠点も受け入れて、自分がどう料理するかを考えたほうが生産的だし、自分のためになります。

人に完璧さを求めるよりも、不完全さを受け入れて、自分がそれを埋めてあげる存在になりましょう。

憂鬱とサヨナラする方法 03

欠点を受け入れて、武器に変えてしまおう

「お客様のためを思って
最速で解決したのに、
何で自分が
怒られるんだ……」

「毎日、電話を取るために大手に入ったわけじゃない！」

大手企業のコールセンターに配属された私は、入社半年もする頃、同期と飲みに行っては愚痴を言う毎日でした。

いま考えると、コールセンターに入ったのですから、電話を取るのは当たり前なのですが、当時は「電話はアルバイトが取るもので、社員は管理だけしていればいい」と、大きな勘違いをしていたのです。

コールセンターの仕事というのは、まず制服に着替えるところから始まります。顧客情報をたくさん扱いますから、個人情報を持ち出せないように、ポケットがひとつもない制服です。もちろん携帯電話の持ち込みは禁止です。

そして電話を取った本数、時間、対応内容がすべて記録され、場合によっては先輩や上司が電話をモニタリングして、評価されたりするわけです。ですから〝監視感〟が半端ではありません。

決められたこととは違うことをすれば、すぐに指摘されます。

あるとき私はテクニカルサポートの部署で電話を取っていました。インターネットの接続サポートをする部署です。

お客様からの電話の要件はこうでした。

「さっきまでつながっていたインターネットが、急につながらなくなった。どうしたらつながるのか教えてほしい」

さて、こういった場合、サポートには決められた手順があります。

モデムと言われる機械のランプチェックやら、PCの設定変更がないかなど、電話ですから丁寧にひとつずつ確認していくわけです。

しかし、そのとき私は話をしていてすぐに気づきました。

単にPCの使いすぎで、電源を付け直せばすぐに回復するだろうということに。

そこで、マニュアルの手順とは違いますが、再起動を依頼し、結果的にすぐに直すことができました。

しかし問題はここから。のちにこれが大問題に発展したのです。

「決められた手順を踏まずに勝手な対応をした」と、ひどく怒られてしまったのです。

当時、その部署では、

「より早く問題解決し、お客様に喜んでもらうこと」

よりも、

「手順通りに仕事を進めること」

のほうが優先されてしまっていたのです。

これでは本末転倒です。

腹を立てた私は、当時ＯＪＴしてくださっていた先輩に噛みついたのですが、「岡崎くんね、仕事ってそういうものなんだよ」と言われたことを覚えています。

そういうものってどういうものなんだ！　と、決められたことや言われたことを、その範囲内でしかできない働き方に、嫌気がさしてしまいました。

もちろん、当時の先輩方や会社上層部での理由もあったのでしょう。ですから、私の判断が正しいかどうかはわかりません。

でも、肝心なことを自分で選べないストレスは、非常に大きいということです。

人は、自分で選択したい生き物なのです。

たとえば、受験などでもそうでしょう。

親やまわりに言われたから入った、と自分ではない何かに選択させられたと思っている人は、うまくいっているときはいいのですが、うまくいかなくなったときに必ず「被害者意識」が生まれます。

私は埼玉県の川越高校というところが出身校なのですが、高校受験のときの志望校はすべて母が決めていました。私は高校には興味がなく、正直どこでもよかったからです。いまとなっては母に感謝しかありませんが、当時は「親が言うから、しょうがなく川越高校を志望した」と本気で思っていました。

まだ合格したからいいものの、これが落ちていたら大変だったでしょう。「親の都合で受けさせられて、受験失敗までした。俺は被害者だ！」となっていたはずです。

本当は「親の選択に任せる」という選択を自分がしたわけですから、被害者意識を持つほうが間違っています。

でもほとんどの場合、つい人のせいにしてしまいがちです。

会社の仕事も同じです。

「会社に言われた通りにする」という選択は自分でしているのです。

でも「会社に言われたから」という理由が強くなって被害者意識を持ち、しまいには憂鬱になってしまっていたのです。

人は自分で選択したい生き物だと、先ほど伝えました。

自分で考え、自分で責任を取り、人のせいにせず、自分に矢印を向け、自発的に動いているときには、人は必ずイキイキとしています。

もし、あなたが憂鬱を抱えて毎日を過ごしているとしたら、それは「誰かに言われたこと」しかやっていないからかもしれません。

自分で考えて動く習慣を、身につけていきましょう。

憂鬱とサヨナラする方法

04

自分で考え、責任を取り、人のせいにせず、自分に矢印を向け、自発的に動く

人は、期待しているほど、
あなたのことを
見てはいない

ひとつ、小噺《こばなし》にお付き合いください。

むかし、むかし、ある山に仙人が住んでいました。

元々は普通の村人でしたが、あるとき、村の人たちと一緒にいることが嫌になりました。そこで1人、山のなかで暮らしているうちに、仙人になったというのです。

仙人の住む小屋は、元々住んでいた村の隣、山路険しい森のなか。

人が訪ねてくるような場所ではありませんが、小屋から村の様子がよく見えました。

ある夏の日のことでした。

その年の梅雨は例年よりも長く続き、台風まで重なってしまい、いまにも川が氾濫してしまいそうです。川が氾濫すると、村は崩壊し、多くの犠牲者を出すことになってしまいます。

村人たちは集まり、この村をどうするのか、全員で一生懸命に話し合いました。

結論、この村で生まれ育った者も多く、ここを離れるのは寂しい。

しかし人命には変えられないと、泣く泣く、ほかに移り住むことを決定しました。

幸いにして、山を2つ越えたところに廃村があります。
これまでの村よりも高台にあり、雨による被害はなさそうです。
そこを新しい村にしようと決め、村人たちは準備を始めたのでした。
仙人は、山の上からその様子を見ていました。
どうやら自分が嫌になったあの集落は、2つ隣の山の先に移動するらしい。
自分は山の上にいるから、川の氾濫による被害の心配もありません。
「ほら見たことか、いい気味だ」と、ケラケラと笑うのでした。

1ヵ月後のこと。
村人たちは無事に移動することができました。被害もなく畑も使うことができます。
早いうちに移動を決めたことで、十分な食料を持ち出すこともできました。
これで冬を越すことができる。みんなで大喜びでした。めでたし、めでたし。
……ではありません。
めでたくない人が1人、いたのです。

誰だかわかりますか？

そう。それは仙人です。

村が移動してしまって独りぼっち。何を思ったかその仙人、自分まで2つ隣の山の先に移動して、変わらず村を見守っていたのでした。


さて、この話は何を言いたいかというと、人との付き合いを捨てた仙人でさえも、人とのつながりがまったくないことを嫌がる、ということなのです。

形はどうあれ、人は人とのつながりに価値を感じています。物理的な意味だけでなく、精神的な意味も含め、人は独りでは生きていけません。


極端かもしれませんが、引きこもりも立派な自己主張のひとつだったりします。

そうやって構って欲しいのです。

ちなみに、個人的にはそういう人は放っておくのが一番だと思います。引きこもりという不健全な方法で、人からの注目を受けることに慣れさせてしまうほうが問題だからです。

努力して得た健全な見返りではなく、逃避という不健全な手段による見返りは、本人を幸せにしません。

人は人とのつながりを求め、人から認められたいとか、愛されたいとか、関心を持たれたいと思っています。

では逆に、あなたはどれだけまわりの人に関心を持っているでしょうか?

たとえば中学校の卒業アルバムを引っ張り出したときに、あなたなら誰を探しますか?

ほぼ100%の人が、自分を探します。

そう、人は自分に一番関心があるものなんです。

だから、期待しているほど、他人は自分のことを見てくれません。

みんな自分を理解してくれる、注目してくれている、応援されている、と勘違いすると痛い目にあってしまうわけです。

「自分のことをわかってくれているはずだ」という期待と現実のギャップ、これが人を憂鬱にさせてしまっています。自分だって人のことを理解できていないのだから、人から理解されなくたっていいじゃないですか。

思っているほど人から見られていない、このことに気づくと、ある大事なものが手に入ります。

それは「開き直り」です。一般に開き直るというと悪い意味で使われることのほうが多いですが、要は覚悟が決まるということです。

人にどう思われるかではなく、自分はどうしたいかに正直になれる。人の評価ばかり気にして生きてるから、自分の想いや理想に正直になれなくなっているのです。

じつは、人は思っているほど自分のことなんて気にしていない。

そう思ったら、気持ちが楽になりませんか？

恥ずかしさを捨て置けるようになりませんか？

失敗を恐れる理由なんてなくなると思いませんか？

開き直って、自分の理想に向かって進んでいきましょう。

憂鬱とサヨナラする方法 05

他人を気にせず、開き直ろう

Chapter 2

不安・不満・不自由を振り払え

「おつかれさん。斉藤、今日はお前のおごりなー」

先輩の森田と2人で、新宿の「思い出横丁」の狭い居酒屋のカウンターにいる。

新宿駅の西口にある思い出横丁は、その昔「しょんべん横丁」などと揶揄《やゆ》され、雑多な飲屋街だったらしい。だが、最近は観光客の外国人であふれている。いまでは昭和の匂いを残した立派な観光スポットだ。

先輩の森田との付き合いは、企画部に異動したときからだった。

当初は馬が合わず、すれ違いばかりだったが、課員全員で懇親会をしたときに一気に親しくなることができた。どうやら勘違いがあったらしい。

森田の耳には「斉藤は生意気なヤツだ」と届いていたというのだ。出会ったときから「生意気」というレッテルを貼られていたので、関係がギクシャクしていた。噂とは、あてにならないものだ。

「え？　先輩も勝ってたじゃないですか。今日は割り勘ですよ」

「お前のほうが勝っただろ。だからその差額でおごれってことだよ。『悪銭身につかず』っていうんだ。ギャンブルで勝った金なんて、どうせロクなことに使わないんだから、こうやって飲みに使ったほうがいいんだよ」

「そう言いますけど、勝っても負けても結局、飲んでるじゃないですか」

瓶ビールが2本。互いに手酌だ。

手酌は出世しないというが、森田は酌をされるのを嫌っている。

勝ったら祝いで飲む、負けたら腹いせに飲む。結局やってることは一緒だ。まあ楽しいからいいか、と思う。まさに悪銭は身につかないものだ。

本当に、こんなことしていていいんだろうか……。

元々ギャンブルは好きなほうではなかった。パチンコは森田と出会ってから始めた。

最初は単なる付き合いのつもりが、行くたびにだんだんと面白くなっていた。2人の気晴らしは決まってパチンコに行って、閉店とともに居酒屋に行くというものだった。

しかし、この非生産的な気晴らしは、結局のところ虚しさだけを残していた。

「先輩って不思議ですよね。仕事ができるのに真面目にやらない。最低限だけやって、あとはテキトー。いざってときは頼りになるのに、なんでそんなテキトーなんですか?」

「そんなの当たり前だろ。昔は俺も仕事に燃えたときもあったけどさ、結局なにも変わんねぇんだもん。真剣に働くほうがバカ。何もしなくたって、同じだけ給料もらえるんだから、無理しないで最低限だけやって、クビにならない程度に働いたほうが得じゃん。サラリーマンってのは、仕事ができるやつじゃなくて、上に気に入られた人間が出世する仕組みなんだよ。俺そういうの苦手だから、テキトーにがんばって、そこそこでいいの」

そう言ってグラスをあけると、森田は手酌した。

「まあ、確かに……」と、釈然としないが、学生時代のアルバイトを思い出した。

そういえば、学生時代のバイトって「どうやってサボるか」「社員に気に入られるか」ばっかり考えてたよな……社会人もそれと一緒か。

「いいか斉藤。終身雇用は終わったっていうけど、大手にいたら食うには困らねえよ。だからうまく立ち回るに越したことない。最初にお前の印象悪かったのだって、お前ががんばりすぎて、まわりから疎まれてたからだ。前の部署の先輩、お前の悪口いっぱい言って回ってたぜ。出る杭は打たれるって言うだろ？　サラリーマンはほどほどが一番なんだよ」

出る杭は打たれるか。

前の上司のときは確かに遮二無二がんばっていた。その甲斐あって、そこでの評価は高かったが、まわりへの配慮はできていなかったかもしれない。

1人で仕事をしているわけではないことを忘れてしまった。当然の結果なのかもしれないが、納得はいかない。がんばって叩かれるのでは、何のためにがんばるのかよくわからなくなってしまう。

「まあ、わかりますけどね。先輩は夢とか、ないんすか？」

「若いな、お前！　夢をあきらめてはじめて大人なんだよ。現実見ようぜ。いいか、俺らは大手のレールに乗ったサラリーマン。安定が一番だろ？

　俺の友達にも独立した人間とかいるけど、大変だよ。夢を見て大きく失敗するより、そこそこでも確実な人生のほうがいいだろう？」


「お待たせしました！」と、つまみに頼んだ串が何本かきた。

　ここの串は、焼きではなく煮込みだ。ホルモンを串に刺して煮込んでいるのだが、味がしみて、うまい。ホルモンといえばゴムのように硬いイメージがあったが、ここにきてイメージが変わった。


「そういえばホルモンって何語か知ってるか？」

「知りませんね。響き的に韓国あたりですか？」

「だよな、俺もその辺かと思ってたけど、じつは大阪弁なんだよ。捨てていた部位、大阪弁で『放る』っていうけど、『放って』いた『もん』だから『ホルモン』になったんだってよ。こんなうまいもの捨てていたんだから、もったいないよな」

森田は妙に博識なところがあった。

こまかなことをたくさん知っている。仕事は適当な森田だが、そういう物知りなところには魅力を感じていた。

「いいか斉藤。世のなかは、あきらめが肝心なんだよ。大きく望むから、思い通りにいかなかったときに凹んだり憂鬱になったりする。あきらめたらラクだぞ。仕事のストレスもかなり減る。人間関係だってギクシャクすることもない。面倒なことがあったら、『仕事や人間関係なんて、こんなもんだよな』と思っていれば、腹も立たない。コンナモン……あ、今度粉もん食いに行きたいな……ハッハッハ！」

森田はゲラゲラと笑っている。

ひとまず、愛想笑いで合わせておくことにした。

笑いながら、なんとなくあたりの雑多な会話に耳を立てると、みんな同じような話をしていることに気づいた。

上司の不満、会社の不満、家族の不満……。

今日は金曜だからかいつもよりも人が多い。どこも不満と憂鬱の話ばかりなようだが、表情は明るい。おそらく明日が休みだからだ。みんな休日のために生きているのだろうか。

昔は「サザエさん症候群」と呼んだらしいが、最近では「ブルーマンデー」という。

休日を楽しみに働き、日曜の夜が最も憂鬱。日曜の夜の「サザエさん」とともに月曜からの仕事が憂鬱になるのだ。

俺の場合はブルーマンデーどころか、ブルーエブリディだけどな……。

パチンコで勝っているときはよかったが、終わってみれば、やはり虚しさしか残っていない。どうやらギャンブルは、悪銭だけでなく気持ちよさも身につかないらしい。

「おーい！　ビールもう一本！」

森田の声に、ハッと我に返る。

「斉藤さ、最近暗いよな。なんかあったか？　溜め込んでんじゃないのか？」

「ええ、じつは本当にこのままでいいのかって想いが強くて。転職したほうがいい気もしますが、その勇気もない。ほかの会社のこともわからないし、やっていける自信もない。かといって、このままこの会社にいて仮に出世しても、幸せになれそうな気はしてないんです。どうしたらいいと思いますか？」

「馬鹿か！　俺が知るか、そんなこと。でもな、斉藤。仕事っていうのは、人生の乗り物なんだよ。その乗り物で、どこまで行けるかは決まってくる。

この会社で一生働いて行けるところなんて、よっぽどのことがなければ年収６００万円くらいの課長か部長ってとこだろ。無駄にあがくんじゃなくて、そこに満足してみたらどうだ？　ほかの会社に行ったからといって、出世が約束されているわけじゃない。無理に転職しても、人生がよくなる保証なんてないんだからさ。

こうやって適当に働いて、そこそこ楽しみがあって、悪くない人生が最高だと思わないか？　悪くない人生に満足したら、そんな暗い顔しなくて済むよ」

仕事は人生の乗り物。その乗り物でどこまで行けるかは決まるか。うまいこと言うもんだ。

悪くない人生に満足してみる……確かにそれもいいかもしれない。

大きく望むから憂鬱になるのも確かだ。

しかし、やはり少し引っかかるものがある。本当にそれが最高なんだろうか？

〝最高の人生〟と〝悪くない人生〟は違います。

あなたの彼女や彼氏に「自分のことどう思う？」と尋ねて、「悪くないよ」って答えが返ってきたら、どんな気持ちになりますか？　おそらく嬉しくないでしょう。

だとしたら自分の人生だって「悪くない」では嬉しくないのでは？

人生は一度しかありません。

この一度の人生が「悪くない人生」ではもったいないと思いませんか？

ふと、前に参加した講演会での話が頭をよぎった。

・仕事（乗り物）でどこまで行けるかは決まる
・人生はあきらめが肝心なんだよ
・大きく望むから憂鬱になる
・最高の人生と悪くない人生は違う
・悪くない人生ではもったいない

さまざまな言葉が浮かび、頭のなかをグルグルと回っている。
森田の言うことを頭では理解しながら、心がそれを受け入れることを拒否している。
講演会で言われたことも素晴らしいと思うが、自分にできることとは思えていない。
でも、どうせなら最高の人生のほうがいいんじゃないのか？
一瞬よぎったその想いは、次の瞬間、街の喧騒《けんそう》にかき消されていった。

行き先がわからないと、人は絶対に不安になる

私は旅が趣味で、これまで世界50の国と地域を訪れています。

とくに、ペルーには2度、行っています。

1度目の目的はマチュピチュに行くこと、そして、そのとき友人になった人とまた会おうとなり、2度目のペルー行きを決めました。

そこで体験した、面白い話をシェアします。


日本から無事にペルーに到着して、ホテルにチェックインしたわけですが、その友人と合流すると、こう言われました。

「荷物をまとめて」

どうやら、どこかに移動するらしい。突然なので、少し不安に思いました。

ちなみに彼はとても人がよく、信頼できる人物です。

でも、問題は私が英語を苦手なうえ、ペルーの英語はスペイン語なまりが強く、何を言っているかよくわからないということです。

できれば行きたくない。でも、ここまで来て断るわけにもいかない……。

しょうがない、ここまで来たんだから信じてついていこう！　と覚悟を決め、荷物をまとめてホテルを出ると、外にはボロボロの車が。

「ダメでしょ、これに乗っちゃ……」

いわゆる白タク。無許可タクシーです。

頭では乗っちゃダメだと思いながら、ノーと言えずに、結局は車のなかに。

このときは「いざとなったらどう逃げるか」ばかり考えていました。

そして走ること15分。

今度は乗合バスに乗り継ぎです。

「とうとう本格的に逃げられなくなったな……」

そんな思いを胸に、どこに行くかわからないという不安がどんどん募っていきます。

山へ山へと進むと、携帯の電波も届かなくなっていきます。

いまどこにいるのかも、どこに向かっているのかもわかりません。

「終わったな……」

街からは2時間以上バスにゆられ、何しろ言葉も通じない、電波も届かない、いまどこにいるかもわからない……。

そんな状況ですから、正直、生きた心地がしませんでした。

結果的には「インカルカ」という街につき、ホテルを手配してもらい、インカ帝国時代の聖地を案内してもらうという、とても貴重な体験をしたのでよかったですが、元の場所に戻るまで気は抜けなかったわけです。

こんなふうに、

・いまどこにいるのか？
・どこに向かっているのか？

がわからないと、人は不安になります。

そしてこれは、人生も一緒です。


まず自分がいまどこにいるのか？　を確認する必要があります。

案外みんな自分がどこにいるか、どんな状況なのかよくわかってないのです。

「人は、自分のことが一番見えていない」と言いますが、本当にその通り。

人には「勉強しろ」だの「もっと働け」だの言いますが、自分には甘かったりします。

試しに、時間・お金・人付き合いに関して、一度紙に書き出してみてください。すると、無駄遣いばかりだったり、何も進歩してない自分に気づくかもしれません。


次に、行き先が不透明では不安ばかり大きくなります。


いまのまま進んでいくと、どうなるのか？　をしっかりと考えてみましょう。

会社員の方なら、会社の先輩を参考にしてみるといいでしょう。

その先輩は、自分の理想の働き方と生活を手に入れているのか？　理想があいまいでも、同じようになりたいかどうか、くらいはわかると思います。

もし自分の理想ではない未来が待っていそうだと感じたら、いったん、いまの状況は白紙にして、本当はどうしたいのかを考えてみてください。

冷蔵庫の余り物で料理をしようとしたら、つくれるものが限られるのと一緒です。

いまの状況をベースに未来を選択しようとすると、選択肢は狭くなるばかりだからです。

参考になるイメージは、「学生時代に戻れたら同じ仕事をするか」です。

もし同じ仕事ではないとしたら、いまの仕事を辞めて次のステップに進むチャンスです。

大丈夫、仕事なんて腐るほどありますから。

不安にかられながら同じ仕事をして、先行き不透明な人生を送るくらいなら、仕事なんていつだって選択し直したらいいのです。

憂鬱とサヨナラする方法 06

いまどこにいて、どこへ向かっているのかを整理しよう

「最低でも3年は同じ会社で働きなさい」って、誰が決めたの？

簡単な算数の問題です。

10ｋｍ/時で走れる人と、20ｋｍ/時で走れる人が、一緒に走ります。

30ｋｍの距離を一緒に走る場合、どれだけの時間で完走することができるでしょうか？

答えは2時間……ではなく「3時間」です。


この問題は面白くて、意外にも「2時間」と答える人が多いのです。

2時間だと答えた方は、
・(10＋20)÷2＝15ｋｍ/時
・30÷15＝2時間
と計算したのだと思います。

しかし、考えてみれば、時速10ｋｍで走る人に「15ｋｍ/時で走れ」ということはできません。


この場合、速く走れる人が遅い人に合わせるしかないので、2人で走った場合、10ｋｍ/時で走ることになります。

だから、

・30km=10km/時=3時間

となります。

このように、実際の世の中は〝平均ではなく遅いほうに合わせて動いていること〟が多々あります。この遅いほうのことを「ボトルネック」といいます。

さて、この「ボトルネック」ですが、仕事の仕方、順序、人間関係など、さまざまなところに当てはまります。

先日もある営業の方が「なかなか営業成績が上がらないので相談に乗ってほしい」と私のもとに来てくださいました。

どうも成績が上がらないのは、製品のせいだというのです。そこで、

「ほかの営業さんで、同じ製品を扱っていて、自分より成績のいい人はいないんですか?」

と聞いたところ、

「それはいる」

とのこと。

だとしたら、製品のせいではないでしょう。

さて、なぜ営業成績が上がらないのか深掘りしていったわけですが、ひとつの致命的な問題がわかりました。

それはルート営業（お得意先まわり）しか、していないということです。

同じところにしか営業に行っていなければ、営業成績が上がらないのは当然です。

だから「新規開拓したらどうですか？」と提案したところ……

「岡崎さん、うちの部署は新規開拓禁止なんですよ」

という答えが返ってきたのです。

これにはびっくり。どうやら新規営業をする部署があるらしく、新規はすべてそこ任せ。ルート営業しているのだから、どこか紹介してもらえばいいものを、ルールで禁止されているというのです。

この場合、「新規開拓禁止」というルールが、ボトルネックになっていたわけです。

さて、これは一例ですが、ルールや勝手な思い込み、常識がボトルネックになっているケースというのは意外と多いです。

たとえば、

・**最低でも3年は同じ会社で働きなさい**
・**年功序列**
・**副業禁止**
・**先輩より先に帰ってはいけない**
・**夢をあきらめたら大人だ**
・**自分には新しいことをするのは難しい**
・**親の言うことを聞かなければならない**

……など。

本当は気にしなくていいものに、勝手に縛られて生きている人が多いです。

よく聞く常識のひとつですが「最低でも3年は同じ会社で働きなさい」というものがあります。これはいまの時代にはまったく合っていません。

情報化社会になり、いくらでも自分にあった働き方を探す方法がある現代において、3

年のキャリアを積んだところで、次に役立つ保証なんてどこにもないからです。

それどころか、同じ仕事に固執してしまった結果、本当はほかで働きたくても、同じことしかできない人間になってしまっていることすらあります。

常識とはあくまで多数派意見であって、正解ではないのです。

ルールはもちろん守らないといけませんが、ルールだって時代に合っていないことがたくさんあります。法律だって時代によって変わるわけですから、身のまわりのルールに疑問を持つことも大事でしょう。

どうでもいいルールを手放したとき、初めて人は自由になれます。

改めて考えてみてください。あなたを縛っているルールは、本当に大事なことですか？

憂鬱とサヨナラする方法
07

どうでもいいルールや常識は、手放してしまおう

プロ野球選手になりたいのに、サッカーの練習をして、凹んでいるバカ

「こんなにがんばっているのに、誰も努力を認めてくれない！」

私が会社員のときに、感じていたことです。正直、振り返ってみると残業ばかりして「努力してるアピール」を一生懸命していました。

人には「3つのたい」があるといいます。

「認められたい」「褒められたい」「人の役に立ちたい」の3つです。

「3つのたい」は、大なり小なり誰でも3つとも持っていますし、自分の変化とともにその割合は変わってきます。

とくに未熟なうちは、「認められたい」が強いことが多いです。

だからいろいろな方法で認められようと努力します。たとえば会社員時代の私のように、大した結果をつくっているわけでもないのに、残業を増やして、一生懸命努力しているアピールしてみたり、です。

健全に認められる努力をすればいいのですが、問題は、うまくいかないときに不健全な方法で認められようとしてしまうことです。引きこもってみたり、拗ねてみたり、憂鬱になってみたり……そうしてまわりから「あなたならできるよ」「大丈夫、なんとかなるから」「お前だってがんばっているよな」などと、気にかけてもらおうとしたりするのです。

そうやって、誰かに認められようと不健全な手段をとってしまうと、まわりからの評価も自己評価も下がっていってしまいます。だから、不健全な方法で認められようとしているときには、誰でもない自分で気づくようにしましょう。

次にあるのは「褒められたい」ですが、褒められるためには努力が必要です。

それも長く褒められようと思ったら、表面的につくろった結果では難しいです。

たとえばまわりの結果を横取りしたり、嘘の数字でごまかしたりしていては、いっときの称賛は得られても、すぐに化けの皮が剥がれてしまいます。

だから本当に褒められたいと思ったら、健全に継続した努力をしていくことになります。

そして健全に努力をし続けると、途中で考え方が変わります。

ここで「人の役に立つって面白い」というふうになるのです。

人の喜ぶ姿が一番の報酬になっていくわけです。人の役に立って喜んでもらうことが一番の報酬になったら、努力することが楽しくなっていきます。努力することが楽しくなるから、どんどん成果になっていきます。

この「努力することが楽しい」というステージまで行きたいと誰もが思うわけですが、**努力を楽しむために大事なことは、結果をつくるということです。人は誰でも結果があるから楽しいのです。**

たとえば、ボウリングをやります。

ボウリングの球を投げてピンに向かうわけですが、ピンとの間にブラインドがかかっていたらどうでしょうか？　何本倒れたかわかりません。ガシャン！　という音はしても、その結果がわからないとしたら、きっとボウリングも面白くありません。

ダーツでもそうでしょうし、野球やサッカーでもそうです。

結果がわかるから面白いし、結果をつくったときに最も達成感ややりがいを感じます。

だから、もしあなたが努力を楽しめる自分になろうと思ったら、結果にコミットすることです。そして結果にコミットしている人を「プロ」といいます。

「プロは結果・成果にこだわり、アマチュアは気分・感情・やり方にこだわる」

という格言があります。次の大会で優勝しよう、次の試験に合格しよう、というように、プロは結果にこだわっています。

そして、意図した通りの結果をつくったときに、努力が楽しくなってくるはずです。

努力を認めてほしいという人もいますが、残念ながら、あなたの努力にまわりの人は興味ありません。褒めてなんてくれないし、努力だけ認めてくれるほど甘くありません。

努力を評価していいのは自分だけです。まわりに努力していることの評価を求めることは、やめましょう。

プロ野球選手なら、「努力しているんで、続投させてください」と言っても、成績がなければ降板させられてしまうわけです。ファンも、努力よりも結果を期待しているはずですし、期待に応えてこそプロだと思います。

では、結果をつくるために大事なことは何か？

それは「正しく努力する」ということです。

ただ努力しても結果にはなりません。正しい努力だけに意味があるのです。

憂鬱とサヨナラする方法
08

「努力」ではなく「結果」で評価されよう

プロ野球選手になりたいのに、サッカーの練習をしても意味がありません。プロ野球選手になりたいなら野球を、プロサッカー選手になりたいならサッカーを練習する必要があります。それで「結果が出ない」と憂鬱になるなんて、バカのすることです。

これはあなたの仕事でも一緒です。闇雲に努力すればいいという話ではないんです。「どんな結果をつくり出したいのか」に合わせて努力しなければなりません。

しかし多くの場合、自分でつくり出したい結果がなく、ただ、言われたことをやっているだけ。これでは仕事も憂鬱になるばかりです。

あなたがつくり出したい結果を決めて、そのために自分で創意工夫して努力し、決めた結果をつくる。そうしたら必ずまわりもあなたを認めますし、褒められます。そしてきっと、人の役に立つことの面白さを体感していくはずです。

努力を認めてもらうのではなく、結果で認められる人になりましょう。

「能力は努力の差」で決まるが、「結果・成果は仕組みの差」で決まる

では、結果がでなければ努力は意味がないかというと、そういう意味ではありません。

なぜなら、**能力は努力の差であり、何を努力したかで、その人の能力は決まってくるから**です。

じつは学生時代、私は合唱部でした。

とくに合唱が好きだったわけではありません。

ただ、勧誘に負けて入ってしまっただけです。ですが幸いにして、入った合唱部は全国大会常連の強豪で、とてもいい体験をすることができました。

とくに私は入部当時、あまりに音痴で、まったく音が合いませんでした。

声もかすれて、子音も飛ばない。

はっきり言って、合唱にはまったく向いてなかったのです。

1年生のときの全国大会では、口パクを命じられたほどです（ちなみにその甲斐あって、全国大会で優勝することができました……笑）。

負けず嫌いなところがあったので、なんとか克服しようと努力した結果、音はきちんと合うようになり、かすれた声も直すことができました。

そして、その合唱の体験は、結果的にいま、とても役に立っています。

「歌唱力なんて社会に出たら使わない」と思ってましたが、こうして講演などをするようになると、発声練習の甲斐あって、声が通ります。

何も練習してない人と比較して、明らかに声も大きいです。

自然と腹式呼吸で話すことができます。

当時は何の役に立つのかと思っていたことでも、こうして歳を重ねると案外役に立つことが多いです。あなたにもありませんか？　努力して、できなかったことを、できるようにしたことが。

よく考えてみれば、いまできることのすべては、元々できなかったことです。

だから、何かを始めるときに、できるかできないかは気にする必要なんてありません。

人には全員、できないことをできるようにする力があるからです。

そして、若いときにしていた無駄だと思っていた努力が、あとから価値あるものに変わることが多々あります。

テニスや野球、サッカーなど運動の体験かもしれません。勉強かもしれません。努力をすることで得られた体験や教訓が、あとから役に立つのです。

だから、すぐ結果にならない努力も、人生全体で見ればまったく無駄になるということはないので、安心して努力しましょう。

努力をするということ自体に価値があるので、ぜひその努力の過程を自分のなかでは認めてあげてください。

とはいっても、早く結果も欲しいですから、適切な努力をする必要があります。

「能力は努力の差」とお伝えしましたが、結果・成果は仕組みの差で決まります。

あなたがどんな結果をつくり出すかは、どんな仕組みのうえで働いているかで、決まってくるのです。


いい悪いの話ではないですが、仮にコンビニのアルバイトをしたとします。

どんなにがんばっても、コンビニのアルバイトでは、時給1000～1200円くらいがせいぜいでしょう。

能力がどんなに高くても、どんなに一生懸命努力しても、コンビニのアルバイトという仕組みで得られる結果は、ある程度決まっています。

会社員で働くことも一緒です。会社ごとに人事制度や風土の違いがあって、それによって、将来得られる結果もある程度決まってきます。

私が会社員をしていた当時、その会社では社歴が重視される傾向がありました。

だから同期の人事が私に、

「うちの会社は新卒でそのまま出世するのは難しいよ。一度辞めて中途採用で入りなおしたほうが評価上がるよ」

と言っていました。

だから、ただがんばるのではなく、欲しい結果に合わせて、がんばり方も選ばなければならないのです。

あなたはどんな結果、収入や時間の使い方、交友関係を築きたいですか？

「とにかくお金が欲しい！　年収1000万円がとにかく欲しい！」

もし目標がそのくらいならば、ただがむしゃらにがんばってもなんとかなるでしょう。

たとえばコンビニの店員でも、寝る間を惜しんで時間をお金に換えて、バイト以外一切しなければ1000万円くらいはなんとかなるかもしれません。

しかし、「時間もお金も両方欲しい！」と思ったら、ただ単に時間をお金に換えるだけでは解決しなくなってきます。

フルコミッションの仕事をしたり、起業や投資を検討してみるのもいいかもしれません。

どんな努力も長い目でみれば報われることが多いですが、より早く幸せな人生を築きたいなら、理想に合わせた努力を選択しましょう。

憂鬱とサヨナラする方法 09

結果・成果が出ずに悩んでいるなら、仕組みを見直して正しい努力をしよう

「やりがい」なんて、最初はないのが普通

「結果が大事なのはわかりましたよ。でも、やりがいだって大事なんじゃないですか？」

ある私の講座の受講生から聞かれた質問です。とても素晴らしい質問だと思います。

やりがいはもちろん大事なのですが、その「やりがいのもと」が何なのかを、知る必要があるでしょう。

まず人間には「開始動機」と「継続動機」というものがあります。

「開始動機」とは、何かを始めるときに動機付けられた理由で、「継続動機」とは、そのことを継続するための動機です。

じつは開始動機と継続動機は、まったく違う動機付けなのです。

たとえば私の場合、起業しようと思った開始動機は、「とにかく稼ぎたい！」というものでした。というのも出世が決まり、残業代が見込み残業代へと代わり、出世したはずなのに給料が下がるということが確定していたからです。

「こんなにがんばっているのに、出世して給料が下がるなんて納得いかない」というのが動機になったわけです。

さらに、起業という新しい挑戦は刺激があり、その一歩を踏み出すことへの不安はあれど、「まわりからすごいと言われるんじゃないか」「尊敬されるかもしれない」「認められる自分になれる」という期待感が動機になりました。

そこから、会社の外で通用する自分になるためにさまざまなセミナーに参加したり、人と出会うようにしました。

すると、最初の動機とは徐々に違った動機が芽生え出します。

それは成長の喜びです。

少しずつ事業が軌道に乗るなかで、できることが増えていき、その成長から自分で仕事をすることの楽しさがやりがいに変わったわけです。

このように、最初の動機と継続していく過程の動機は、異なります。

それぞれ代表的な動機付けは次の通りです。


【開始動機】

・報酬（お給料をいくらもらえるか、何をプレゼントされるか、など）
・賞賛（まわりからすごいと言われたい、尊敬されたい、など）

・感謝（ありがとうと言われたい）

【継続動機】

・工夫感
・役立ち感
・成長感

いわゆる「やりがい」とは、後者の継続動機を指します。

創意工夫をして仕事がうまくいったり、仕事を通して人の役に立っていると実感したり、できることが増えて自分の成長を感じられたりすると人は、「やりがい」を感じるわけです。

だから「やりがいが大事」という考え方は間違っていません。

問題は、やりがいは継続動機に基づくので、初めからは実感できないということです。できるようになって初めて、やりがいを感じることができます。

ですから、言い方を変えれば、やりがいは仕事によって与えられるものではなく、やっていく途中で、自分でつくり出すものなのです。

どの仕事をしていても、できるようになれば必ず、やりがいを見つけることができます。

だから、やりがいで仕事を選ぶのは大きな間違いです。

やってみないと、やりがいなんて出てこないからです。

やりがいがある、仕事が楽しい、仲間がいい人だ、ということと、自分の人生が理想に近づく仕事はまったく別問題です。

正に森田先輩が言っていた、「仕事は乗り物だ」というのはその通りです。

どの乗り物に乗るかで、どこまで行けるかが決定づけられます。

どんな結果をつくりたいかに合わせて、仕事を選ばなければならないのです。

仕事を選ぶ基準、それは自分の人生が理想に近づくかどうか。

その観点から、働き方を見直してみましょう。

憂鬱とサヨナラする方法 10

「やりがい」で仕事を選ぶのはやめましょう

Chapter 3

人生の質は人間関係が9割

まさか、今日が人生を大きく変えるきっかけになる1日だとは、思っていなかった。

これまで、ＢＡＲという場所に足を運んだことがなかった。いつも会社の先輩と飲むときは、いかに安く飲めるかばかり気にしている。

新宿は1杯１９０円の〝自称ビール〟がたくさんある。味にうるさいわけではないから酔えればいいが、本当にビールかどうかは怪しいものだといつも思う。

しかし、今日は違う。

「オーセンティック」という表現が適切らしい数多くのボトル、一杯１０００円近くもするビール、そして何よりも目を引くのは、カウンターに並ぶ本の多さだ。

「書斎」をテーマに、本好きが集まれるお店をつくりたかったというこの場所は、「BOOK&BAR 書斎」という名前にふさわしく、たくさんの本に囲まれている。

先輩の森田と2人で飲んでからというもの、自分がどうしたいのか、さっぱりわからなくなっていた。いまの状況に流されていったほうが、変に悩むよりもずっと幸せかもしれないが、それでは納得できない自分がいる。

しかし、新しいことに踏み出すほどの勇気もない。でも、このままでは……と堂々巡りしていたのだ。

そこに、同期の香織が声をかけてくれたのが、今日のきっかけとなった。

そしていま、隣にいる香織は嬉々としている。

「今日はラッキーだね！　一緒に来てくれてありがとう！」

〜〜〜〜〜〜〜〜〜〜〜

「正くん、今週の日曜って、空いてない？」

香織とは入社1年目からの付き合いで、みんなで夏休みを合わせて旅行などもする仲だ。

それもあって、互いに下の名前で呼ぶようになっていた。ただ、最近では香織が週末忙しいようで、すっかりみんなで集まることはなくなっていた。

噂では、彼氏ができたらしいと聞いている。

「日曜ね、ちょうど空いてるけど何かあった？」

「先月の講演会、覚えてる？　今度一緒に行けたらいいなって」

「ああ、あの出版社主催のやつね。まあ悪くなかったし、もう一度行ってもいいけど……」

こう言いながら、じつは誰かに誘われるのを待っていた。１人で行くほどの勇気もなく、前回参加してから、ずっとそこで聞いた話が引っかかっていたからだ。

「よかった！　いつも1人で行くから寂しかったんだよねー。まさか同期に会うとは思ってなかったから、びっくりしたけど」

「俺もびっくりだったよ。あれって、いつも行ってるの？」

「うん、毎月。ほかにもワークショップとかも参加して、いろいろ勉強してるよ」

「ワークショップ？」

「みんなで集まってする勉強会みたいな感じかな。いろんな人が集まるから面白いし、仕事にも活かせることもあっていいの。会社の人とだけいたら、頭かたくなるでしょ。まあ、みんなには彼氏とデートって言ってたけど」

香織は笑っている。

彼氏ができたわけじゃないのか……と、好意があるわけではないが、なぜかほっとした。

「なんで彼氏とデートなんて嘘ついてるの？　いいじゃん、堂々と言えば」

「まあそうなんだけど、休日に何か学ぼうなんて、一般的じゃないみたいで。まわりに言うと変な目で見られるんだよね。

それをこの前の講師の人に相談したら、こう言われたの。『自分の気持ちや、自分のやってることに正直なのと、友人を大事にすることに正直なのは、どっちが大事なの？』って。それ聞いて、友人を大事にするほうに正直になろうと思って、講演会って言うのやめたの。みんな、人が次のステップに進むのは嫌でしょ？　自分が取り残されそうで。もちろん私はそんなつもりじゃなくて、単純に自分の人生をもっとよくしたいだけなんだけど」


なるほど、そういうことか。納得した。自分もがんばればがんばるほど周囲から孤立する感覚があったからだ。なぜか、がんばる人は疎まれたり、場合によっては嫌われたりする。みんな、人が自分よりよくなるのが嫌なのだろう。


「香織、最近明るかっただろ。だから本当に彼氏できたんだろうなって思ってたよ」

「ありがとう。たぶん講演会のおかげだと思う。誰と一緒にいるかって大事でしょ。

これも教えてもらったんだけど、自分の周囲で一番時間を使っている人５人の平均と自分って一緒になるんだって。だから暗い人と一緒にいると暗くなるし、目標のない人と一緒にいると目標がなくなっていく。最近講演会に行くようになって、一緒にいる人が変わって。そのおかげで将来に前向きになれたし、自信もついてきたんだよね」

一緒にいる人で、自分がどういう人か決まってくるってことか。確かにその通りかもしれない。朱に交われば赤くなる、類は友を呼ぶというから、似た者同士集まるのだろう。

「正くんって、ちょっとまわりと違うでしょ。仕事もがんばってるし、この前講演会に行っても楽しんでたみたいだから。それで一緒に行きたいなと思って」

ありがとう、と応えながら、そう言われると悪い気はしない。

彼女とのデートは土曜だから、日曜は空いている。

前回参加してから気になっているのは確かだ。

そして、今回も参加することを決めたのだった。

〜〜〜〜〜〜〜〜〜〜〜〜〜〜

「今日はどうだったかな？」

「話はもちろんよかったのですが、ここでバーテンダーをされてることに驚きです」

目の前になんと、今日の講演会の講師だった戸川がいる。

さっきまで数百人の前で話していた人と話をしているというのは、不思議な気分だ。

「正くんさ、今日って私たちラッキーだよ。まさかこんな時間をもらえるなんて」

隣にいる香織が、まさに目を輝かせながら、はしゃいでいる。

今日は本当に偶然が重なったのだ。

講演会後、いつもは懇親会を開いているそうだが、今日は予約していたお店に不手際があったらしい。そのため懇親会が開催されなくなった。

そこで、講師の戸川が経営しているお店に行ってみよう、となったのだ。

すると、偶然にもそこに、店に立つ戸川が居合わせたというわけだった。

「俺もね、ちゃんとお店に立って、たまに接客もさせてもらうんだよ。むしろ好きかな。この店は自分の理想を形にしたお店なんだ。だからお店というより、大事な自分の居場所なんだよね。

そこで、こうやって接客しながら話をさせてもらう。俺が本を出していることも、経営者であることも知らない人たちと――。すると、立場と関係なく本当の信頼関係を築いていくことができて、それが面白い。だいたいあとからびっくりされるんだけど」

と、戸川はクスクスと笑っていた。

戸川は、立場や肩書というものを嫌っていた。

あくまで自分個人で勝負できるということに、こだわりがあるらしい。

「戸川さん、今日の話は本当に勉強になりました。2度目の参加でしたが、本当に参加してよかったです。今日のテーマだった〝人付き合いは人生を決める〟は、まさに自分のことだったと思います。とくに最近は、上司はもちろん、友人や彼女、家族との付き合い方にも悩みがあって、憂鬱の連続だったので、解決のヒントをもらいました」

それはよかった、と言いながら戸川はカクテルを出してくれた。

ここの名物は、生のフルーツを目の前で搾ったカクテルだ。

映画で見るようなカクテルに、香織と2人で歓声をあげてしまった。

一口飲むとフルーツの香りが強く、うまい。

「覚えておくといいよ。人間のストレスのほぼ100%は、人間関係によるものなんだ。だからいい人間関係をつくり出すことは、いい人生をつくることに直結している。今日の講演で話した5つのポイントは覚えているかい?」

「はい! とても勉強になりましたし、すぐに実践しようと思いました。これなら自分でもできそうです。『①友人は選びなさい』『②自立しなさい』『③お金を払って人付き合いを買いなさい』『④師匠を決めなさい』『⑤人が集まるあなたになりなさい』でしたよね。

もし可能なら、もう一度ここで教えていただけないですか?」

「よく覚えているね。おさらいを兼ねて、ここでもう一度話をしていこうか」

みんなと
仲よくするのは、
いますぐやめなさい

学生時代のことです。学校の先生に、必ず言われてきたことがあります。

それは「みんな仲よくしなさい」ということ。

これは学校という狭いコミュニティでは絶対に大事なことです。私も一クラス40人ほどの学級にいましたから、全員の顔を知っています。そのなかで「派閥」のようなものができていたら、大変です。

「組織は内側から壊れる」という言葉があります。さまざまな原因が考えられますが、最たるものは派閥ができることです。外に向けて戦っていくエネルギーを、内側の派閥争いに向けて使ってしまう。結果、内側から崩壊を起こしてしまうわけです。

だから、固定化されたコミュニティにおいて、派閥をつくるのはご法度です。

確実に派閥争いが起き、組織の崩壊につながります。ですから、学校という狭いコミュニティにおいて、みんなが仲よくするということは、とても重要なことになっていきます。

では、社会人はどうでしょうか？

先述した通り、派閥のようなものは組織を壊しますから、会社などで派閥のようなものはつくらないほうがいいです。しかし、学生時代と違って、ずっと同じ場所に居続けなければならないというものではありませんし、流動的に人の出入りもあります。

ですから、社会人は無理にみんなと仲よくしなくていいのです。

むしろ、仲よくする人は選んだほうがいい。なぜなら、あなたが付き合う人によって、あなたがどういう人になるかが決まってくるからです。

たとえば、なぜあなたは日本語を話すのでしょうか？　日本人だから、と思うかもしれませんがそうではありません。日本人であっても、アメリカで育てば英語を話すでしょうし、中国で育てば中国語を話すでしょう。育った環境によって、何語で話すかが決まっているのです。

ほかにも、こんなことありませんでしたか？

学生時代に人気のある人がいて、その人の言葉遣いが移って、みんなが使っていること。

私は、本作の担当編集者である、きずな出版の小寺編集長とよくご一緒させていただいていますが、小寺さんの口癖は「○○問題」です。

たとえば、「お金が足りない問題」とか「人が集まらない問題」と、何か課題があると○○問題と言います。最近ではすっかり、私にもその口癖が移りました。

口癖だけでなく、口調や間の取り方、表情、立ち居振る舞い、さまざまなことが一緒にいる人から影響を受けます。「環境が人をつくる」という格言があります。人は環境の生き物で、どんな人たちに囲まれているかで、自分がどんな人になっていくかが決まっていきます。

だから、あなたのまわりにサボってばかりいる人、愚痴ばかり言う人、憂鬱で暗い人ばかりいると、あなたもそういう人になってしまいます。

現実的に自分にとってプラスになる人もいれば、付き合うことでマイナスになる人もいるのです。だから一緒にいる人は選ばなければならないのです。

「付き合っている5人の平均があなた」です。付き合う人は選びましょう。

人間関係で憂鬱にならないために大事なこと。それは、付き合う人を選ぶことと、あなたにとってメリットがある人と一緒にいることを心がける、ということです。

憂鬱とサヨナラする方法 11

友人は選びなさい

この4つからは、早く自立しよう

付き合う人を選ぶことの大事さをお伝えしましたが、最も付き合ってはいけない人たちがいます。

それは「ドリームキラー」と呼ばれる人たちです。この人たちは一番やっかいです。人ががんばることを嫌い、その邪魔をすることに喜びを感じています。

たとえば、学生時代にこんな人がいませんでしたか？

必死に勉強する人を見て、「学生時代の勉強なんてどうせ役に立たないよ」とか「先生に気に入られようとして感じ悪いよな」なんて言ってきたり、ほかにも、部活動などで必死に練習をしている人を見て「どうせがんばったって、大した結果にならないよ」などと言う人たちです。

こういう人たちは、誰かを否定することでしか自分を肯定できない人です。

必死でがんばると、まわりにはそれを笑う人がいるものです。こういう人たちとは、決して付き合ってはいけません。あなたのやる気が削がれるだけです。

では、どういう人がドリームキラーになるのか？

私が起業を志したのは、２００７年の12月でした。翌１月に会社を辞めることを決め、家族には、辞めることを決めてから相談しました。

すると、家族からこんな衝撃的なことを言われてしまったのです。

「起業はいいかもしれないが、お前は絶対成功できない！」

これはショックでした。こんなにがんばっていて、そんなこと言われるか普通？　と、本気で腹を立てたのを覚えています。

そう、じつは何かにチャレンジするときに一番自分を否定してくるのは、身近な人です。

なぜかといえば、身近な人は、あなたが成功することよりも、失敗して傷つかないことを望んでいるからです。

悪気があるからではありません。でも「心配」が先に来てしまうのが人間なんです。

ですから最もドリームキラーになりやすいのは家族や近しい友人、恋人なのです。

では、どのようにドリームキラー対策をしたらいいのか？

それは自立することです。

あなたが自立すべき4つのことがあります。

それは「家族からの自立」「友人からの自立」「恋人からの自立」「経済的自立」です。

① 家族からの自立

たとえば実家に住んでいると、嫌でも毎日親の顔を見ることになります。親はもちろん大事にしてください。でも、あなたが成長するためには弊害のほうが多いです。絶対に一人暮らしすることをおすすめします。

一人暮らしはお金がもったいないと言う人がいますが、あなたの成長と、目の前のお金と、どちらが本当に大事でしょうか？　あなた自身を成長させて、稼げるようにするのであれば、一人暮らしにかかる費用くらいは安い自己投資だと思います。

② 友人からの自立

過去付き合って来た人は、過去のあなたを見ています。

かくいう私も、起業したことを学生時代の友人に言ったところ、「どうせ怪しいツボでも売ってるんだろう」とか「宗教でも入ったか？」などと揶揄《やゆ》されました。

なぜなら、学生時代の私を知っている友人からしたら、どう考えても起業なんてするはずがない存在だったからです。

過去の友人の意見は過去のあなたの生き方へのフィードバックです。いまのあなたへのフィードバックではありません。まったく気にする必要はありません。

③　恋人からの自立

彼女からも「デートできなくなる」「会社員でがんばってるあなたが好きなの」と止められました。これも言い方を変えれば私のことが好きなのではなく、「デートできる人が好き」「会社員をがんばっている人が好き」というのと一緒で、私でなくてもいい話なのです。

価値観が合わないカップルは、遅かれ早かれ別れることになります。もし自分が次のステージに進もうとするのを止める恋人であるなら、別れることをおすすめします。

④　経済的自立

「貧すれば鈍する」ということわざがありますが、お金がないとさまざまなことを気にして生きなければなりません。世界的なベストセラー『金持ち父さん貧乏父さん』（筑摩書房）の著者ロバート・キヨサキは「お金は人生のすべてではない。しかし、すべてのことにお金は関わっている」と言います。本当にその通りです。

たとえば人付き合いも、いい人間関係を選ぶためには十分なお金が必要です。お金がなければ、財布の紐ばかり気にして人と付き合わなければならなくなります。

いまでは副業が当たり前の時代になりましたが、もし会社からの収入以外で問題なく生活できるだけの基盤があったらどうですか？　会社の顔色をうかがって仕事をしないで済むはずです。少なくとも、休日に上司のゴルフに付き合わされることはなくなるでしょう。

経済的に自立することで、人や会社の顔色をうかがわず、本当に価値のある人間関係を選ぶことができるのです。

憂鬱とサヨナラする方法 12

「ドリームキラー」とは付き合わない

いい人間関係は、お金を払ってでも買うべきだ

「いい人間関係は買いなさい！」

起業した当初のこと、私の師匠のすすめで参加したセミナーで講師の方が衝撃の一言。

これまで「人間関係を買う」という概念がなかった私にとって、これほど印象に残った言葉はありません。

「普通の人は成り行きで人間関係をつくっていきます。だからたまたま出会う範囲、そして気の合う範囲の人としか付き合うことができません。

しかし成功していく人は違います。自分から人脈を買っていきます。付き合いたいと思う人のお店に通うのもいいでしょう。会社の上司なら、ランチや飲みに誘ってあなたがおごってもいいでしょう。出してもらうんじゃなく、あなたが出すんです。

そうすると、相手も『返さないとな』と思うから、あなたと付き合ってくれるようになる。偶然でつくる人間関係や、もらってばかりの人間関係を卒業することが、いい人間関係を構築するコツです」

さて、あなたはこれについてどう思いますか？

人間関係を買うなんて、いやらしい感じがして嫌だな……と思う方もいるかもしれません。しかし**じつは、あなたが気づいてないだけで、あなたの人間関係は誰かがお金を払って買ってくれていたのです**。

たとえば高校時代の友人。その高校に行くお金は誰が払ったのでしょうか？　もし親が払ってくれていなかったら、その高校の友人との人間関係は築けなかったはずです。

ほかにも、いまの仕事から発生した友人。それだって会社を興して、必要な経費を払っている社長がいるからこそできた人脈のはずなのです。

もちろん、あなたがまったく努力してないかといえば、そんなことはないと思います。しかし、努力だけでは、いまある人間関係はつくれていないはずなのです。

ただ、これらの人間関係は成り行きや誰かに任せてつくったものであり、あなたが選んだものではありません。あなたにとってプラスになる人間関係もあれば、残念ながら付き合えば付き合うほど憂鬱になる人間関係もあります。

ですから、これからは人脈も自分で選び、つくっていくことが、憂鬱から卒業するために大事なことのひとつになります。
では、どうすればいい人間関係を買うことができるのでしょうか？
何かを得るには、何かを支払う必要があります。
人間関係を買うために支払える「4つの資源」があります。
ぜひ、次の4つを駆使してみてください。

① 能力や才能

突き抜けた能力や才能は、それだけであなたと付き合う価値を生み出します。
ただしこれは、限られた人や、ほかの人以上の努力が必要です。

② お金

簡単な質問ですが、食事に行っておごってくれる人と、おごってと言ってくる人、どちらとお付き合いしたいですか？

極論かもしれませんが、おごってくれる人のほうが嬉しいですよね（ただし過度でない範囲で)。

この人と付き合いたいと思ったら、その人のためにお金を使うといいでしょう。食事に行ったらおごってみる、お店をやっている人なら足しげく通う。当然ですが、そういう人は大事にされます。

③ 人脈

人脈の大事さは誰もが知っていることです。だから人を紹介してくれる人というのは、非常に価値が高い人になります。あなたがつくった人脈は、より多くの人に紹介してあげましょう。紹介される側も嬉しいですし、された側も嬉しい。結果的に、あなたのまわりにいる人みんなから喜ばれることになります。

④ 労力

何かを手伝ったり、喜ばれるような準備をしましょう。

先日、作家の本田健さんのセミナーに参加させていただきましたが、受講生の方が健さんのために「出版おめでとうございますクッキー」をつくって渡していました。私の目には、とても喜んでらっしゃるように見えました。これは大してお金のかかることではありません。ちょっとした心遣いです。でもそれが嬉しい。

ほかにも私の場合、お会いした著者の方の本の書評を、必ず私のブログやFacebook、Instagramなどに投稿して、紹介しています。

私もそうですが、書評をしてもらえるのは著者にとって嬉しいことなのです。

ちなみにFacebookに「#岡崎かつひろ」で書評を載せていただいたら、私から友達申請させていただきます。Instagramならフォローにいきます。

なお、この4つの資源のうち、何もなくてもかけられるものは「労力」です。あなたが付き合いたいと思う人のために、労力をかけてみることから始めてみるといいでしょう。

憂鬱とサヨナラする方法 13

何も持っていない人は、労力をかけるところから始めよう

「自分らしさ」なんて、いったん手放してしまおう

思った通りの結果が出ていないとき、人は憂鬱を感じます。
では、なぜ思った通りの結果が出ないのでしょうか？
先日も、私の講演会に来た営業の仕事をしている方が、こんな話をしていました。

「営業の仕事がある程度できるようになって喜んでいたのですが、ここ半年ほど不調が続いていました。それまではどんどん契約も決まって絶好調だったのに。どうして不調になってしまったのかと冷静に考えたら、営業を教えていただいている部長のいうことを聞かなくなっていたんです。気がつけば自己流になっていて。中途半端な結果のうちに調子に乗ってはいけないですね。謙虚になろうと思いました」

「自己流は事故る」という言葉がありますが、まさにその通りです。
完全に身につく前に自分なりにやると、必ずつまずきます。
ビギナーズラックと言いますが、じつはラック（幸運）でもなんでもありません。
ビギナーズラックの正体は「素直さ」です。初心者のうちは、うまい人の言うことをそのまま受け入れて行動します。だからうまくいきやすい。

でもちょっとできるようになると自己流で始める。自己流でやるからうまくいかない。そして「スランプだ」と言って、勝手に憂鬱になるのです。

あなたが思った通りの結果をつくれない一番の原因は「自己流」という名の「事故流」でやっているからなのです。

では「事故流」にならないためにどうしたらいいのか？

それには自分を律してもらえる存在、「師匠」を持つことです。

人間というのは意識していても絶対にずれていきます。まっすぐ歩いているつもりでも微妙に曲がっていくように、自分が気づかないうちに少しずつずれていくものなのです。「人は自分が見えない」と言いますが、わかっているようで自分のことが一番わかってない。勝手に思い込んで、実際とは違う行動を取ってしまうということも日常茶飯事。そんなときに、師匠といえる存在がいると、自分を律してもらうことができます。

結果をつくるために大事な師匠との関わり方は、「はい、YES、ごもっとも、喜んで」です。つまりNOがなく、言われたことはすべて喜んでやると決めることです。

最初からYESで応える前提でいると、悩むことがないから非常に楽です。

やろうかやらないか、悩んでいるから行動も遅くなって成果も遅くなる。師匠と決めたなら、なんでもやると決めること。そうすると、無駄に悩むというストレスがなくなります。そして結果をつくり出すのも早くなる。

さらに、師匠から見たら、なんでもやってみる姿勢というのは可愛いですから、応援したくなります。つまり師匠から可愛がられ、よりよい師弟関係を築くことができるのです。

そうやって、結果をつくるのが早くなったらどうですか？　プロセスで悩んでいたことも、結果になるとそんなことは忘れてきっと喜ぶはずです。

中途半端に自分らしさや自分なりの考え方を握りしめるよりも、とっとと手放して、うまくいっている人（師匠）の言うことを素直に聞いて、そのままやれば、無駄に憂鬱にならず結果をつくることができるようになるのです。

憂鬱とサヨナラする方法
14

欲しい結果をつくっている人を、師匠にしてしまおう

いい人が集まってくるようになる3つのコツ

想像してみてください。

もし、あなたが「超」がつくほどの人気者で、周囲にはいつもたくさんの人が集まる。そして、集まる人はみんな笑顔であなたのことを尊敬している。

一緒にいると楽しいし、その人もやる気にさせられる。

そんな自分であるなら、そうそう憂鬱になることなんてないのではないでしょうか？

「人気」という言葉がありますが、文字通り、人には気があります。

私はオーラといわれるものが見えるわけではないですが、確かに「オーラがあるな」と感じさせられることが多々あります。

先日も、鴨川にある私の師匠がやっているお店に行ったのですが、そこは大人気店。いつも満席です。

なぜなら、そのお店のスタッフの方はいつも明るく元気がいい。だから、こちらもそこに行くとやる気になるし、お客さんも元気をもらって帰っていける。そういうお店って、人が集まるんですね。

たまたま師匠もその日は自分のお店に遊びに来ていて、一緒にサーフィンして、お酒も飲ませてもらいましたが、その人がいるという理由だけで、いつもの倍以上は人が集まっていました。

そんなふうに「人が集まるあなた」になることは憂鬱から卒業するために欠かせません。

極端ですが、もしいつも一人ぼっちで、誰からも相手にされない自分ならどうでしょうか？　きっとため息しか出ないはずです。

では、どうすれば人が集まるあなたになるのでしょうか？

それには3つポイントをお話しします。

①　無駄に明るく過ごしなさい

「虫でさえも明るいところに集まる」という言葉があります。

蛍光灯のまわりに虫が集まるのは明るいからですが、人も明るいところに集まります。よくわからなくてもいいから、ケタケタと笑っていたらいいのです。

明るい人は一緒にいて楽しいし、見ていて気持ちがいいです。

ちなみに「口角を上げた分だけ収入も上がる」という言葉もあります。

ぜひ、無駄に明るく過ごしてみてください。

② 出すぎた杭になる

「出る杭は打たれる」と言いますが、それは中途半端に出ているからです。出すぎた杭は打たれません。なんでもいいですから、一芸に秀でてみたり、ほかの人にはない能力を身につけましょう。

それは専門スキルでなくてもOKです。たとえばコミュニケーションスキルなどを磨いてみるのもおすすめです。コミュニケーションスキルは一生使えますし、ほとんどの人は勉強していませんから、ほかの人と差をつけるのが簡単です。

コミュニケーションとは生まれ持った才能ではなく、後天的に身につくもの。問題は、ほとんどトレーニングがされていないということです。

私がしているコミュニケーションの講座などは人気ですが、練習で劇的に変わる人がたくさんいます。コミュニケーションに自信がない人は、お金をかけて勉強してみることをおすすめします。

③　マメに人に会う

「単純接触効果」というものをご存じでしょうか？

これは私の体験談ですが、会社員時代にカフェで隣になった人と意気投合しました。

じつはまったく話したこともなければ、名前も知りません。でも、お互い隣に座っただけでとても仲よくなりました。

なぜそんなことが起こったかというと、いつも朝、会社のエレベーターで顔を合わせていたからです。だから、なんとなくよく知っているつもりになっていて、せっかく隣に座った縁だから、と仲よくなったのです。

あなたも、いつも乗る電車で顔を合わせる人がいるでしょう。名前を知らなくても、なんとなく気になったりしませんか？

じつは人間は、会った長さよりも、会った回数のほうが、信頼関係をつくる上で大事だといわれているのです。

これを「単純接触効果」と言います。

だから難しく考えずに、こまめに人に会うことを意識しましょう。

「また今度」と挨拶をする人がいますが一番ダメです。「また」という期限はありません。「いつ」会うかを明確にすること。日付まで明確にすることが難しくても「来週あたりどうですか？」くらいなら、気軽に聞けるはずです。

期限を切って、マメに会うことを意識しましょう。

これら3つのことは誰でも実践できることです。

人が集まるあなたになるために、まず行動してみてください。

憂鬱とサヨナラする方法 15

無駄に明るく過ごし、出すぎた杭になり、マメに人に会おう

Chapter 4

「努力は報われない？」がなくなる仕事術

都会の朝がこんなにも清々しいということを知ったのは、今日が初めてかもしれない。

一人暮らし最初の朝。

戸川と会ってから、朝の時間の貴重さを教えられ、ギリギリだった朝の過ごし方を変えていたが、それでも人生初の一人暮らしということもあって、特別感がある。

昨日の雨もあったのかもしれない。冬の澄んだ空気のせいかもしれない。都心にいて、今日ほど空気のうまいと感じた日はないだろう。

太陽の眩しさは、夏のそれよりも美しく、遠くの山々まで映し出している。

そういえば、富士山をちゃんと見たのは、いつ以来だろう?

あの講演会後、戸川のすすめで、まずは実家を出ることから決意した。

実家から会社まではそう遠くはなかったが、朝の満員がひどく、電車に揺られながら何ができるわけでもない。できたところで、たかがしれている。

「〝お金〟と〝時間や経験〟を天秤にかけて、どっちが大事なの?」

というひと言に背中を押されて、一人暮らしする決心がついたのだった。

親の反対もあったが、最終的には「あなたの成長のほうが大事よね」と納得してくれた。

物件探しには正直苦労したが、それもいい経験になった。

「職住接近」と呼ぶらしい。住むところと職場は、近ければ近いほどいいというのだ。

そして戸川は、成功する家の条件は「安くて、狭くて、便がいいところ」だという。

「安くて便がいいほうがいいのはわかりますが、なぜ狭いほうがいいのですか？」

と尋ねたところ、

「家に帰りたくなくなるから、行動範囲が広がるだろう？　これから自分を成長させたい人が家にいても何も変わらないよ。住みやすい家に住むのは、成功してからでいいんだ」

と言われて納得した。

そのアドバイス通り、会社から徒歩圏内に住んでみると、生活が激変したのだ。

まず一番の気づきは、親への感謝だった。昨日は試しに炊事洗濯をしてみたが、こんなにも面倒なものだとは思っていなかった。わかっているつもりだったが、やってみて初めて腑《ふ》に落ちるものがあった。

まだ時間の使い方が下手ではあるが、きっとすぐになれるだろう。

戸川に会ってからは、仕事も非常に順調になっていた。

以前は嫌だった課長も、自分の仕事の仕方を変えてみると、まったく違った見え方をしていた。いつもサボっているように見えていたが、無駄な仕事がなく、仕事が早いのだ。ただ時間だけ膨張させてがんばっているのではなく、効果的に努力をする人だった。

人を見る目が変わったことも、自分の成長の証なんだろうと思いながら、負けじと仕事を早くこなす努力をしていると、課長からの評価も上がり、任せられる仕事も増えた。

どんどん仕事が楽しくなってきている。

仕事に対する姿勢、捉え方、取り組み方が変わると、こんなにも状況を変えることができるのだと、驚きだった。

そして今朝は、会社の下のカフェに向かっている。

出社時間よりも1時間ほど早い。

戸川のすすめで「朝の時間の使い方を変えると、人生が変わるよ」と言われたのがきっかけだった。

「おはよう！」

カフェにつくと、香織が先についていた。

朝の時間の使い方をどう変えよう？　そう香織と話していると、会社への到着がギリギリだと、せっかく満員電車から解放されたのに、エレベーター渋滞に巻き込まれることになる。それなら、エレベーターが混む前に会社についておこうと思いつき、カフェで読書会をしようと話が発展したのだ。

「最近、仕事の調子もいいみたいね」

「そうだね。戸川さんと出会ってから、仕事の仕方を変えたからかな。以前は嫌だった課長との関係も良好だし、いいことばかりだね」

「……なんかさ、俺たちカッコよくない？」

「そうね、なんかカッコいい。できるビジネスパーソンって感じ？」

「なんで朝の読書会に賛同してくれたの？」

注文したてのコーヒーの香りが心地よく、たった一杯のコーヒーが、こんなにも朝の始まりを気持ちいいものにしてくれるのかと感心する。

2人で明るい笑い声を上げている。

そういえば、こうやって笑うことも最近増えている。

「私ね、結構ギリギリ癖があって。直さなきゃと思ってたんだよね。でも1人だとどうしても自分に甘くなっちゃって。自分との約束って甘くなりがちでしょ？　でも人との約束ならちゃんと守れるから、いまの私にはぴったりだと思って」

「なんだ。読書が目的じゃなかったんだね」

「そんなことないよ！　戸川さんも『読書は人を豊かにする』って言ってるでしょ。だから私も読書したいなと思ってて。もちろん少しずつはしてるけど、ちゃんと時間取れてなかったから、朝を使うのはいいなって思ったの」

それならよかった、と心が少し暖かくなる。

香織の笑顔は、人を癒す力があるようだ。正直、最近彼女とうまくいっていない自分にとって、いまのこの時間のほうがずっと幸せを感じられている。

できれば彼女とも、こういう時間を過ごせればいいのだが……。

「そういえば、戸川さんと出会ってから仕事の仕方が変わったって、どう変えたの？」

香織の質問に、思考を戻された。

「戸川さんに言われた通りの順番で、やってみてるよ。

まず前提は『仕事で憂鬱になる原因は仕事に追われているから』ということを自覚したんだ。言われたことやって、言われた期限で動いて、言われるままに仕事をする。

そうやって仕事にせっつかれてたら仕事も面白くないし、やる気なんて出ない。だから『仕事を追う自分になろう』って決めて、動いてみたんだ」


話しながら、少し気恥ずかしい感じがする。

同じワークショップに参加しているので、香織も知っていることだからだ。

それでも香織は、初めて聞いたかのようにしっかりと話を聞いてくれる。わかっていても話を聞いてもらえるというのは、嬉しいものだ。


「だから、仕事を追うために、まず追われている仕事の整理から始めた。自分の仕事の棚卸だね。全部書き出してみたんだ。

そしたらびっくり。あれほど仕事に追われて忙しいと思っていたのに、じつは大した仕事してないことに気づいて。やってることはまわりから言われた雑務ばかりで、成果になるようなことはほとんどしていない。しかもその雑務も、じつはもうやらなくていいこともたくさんあった。まずは、そのやらなくていい雑務の整理をして、断ったり止めることを提案したんだ。

そしたら、かなりの仕事量を減らすことができたよ。仕事量が多かったんじゃなくて、やらなくていい仕事がいっぱいあっただけだったんだ。いま考えると、もしかしたら残業したくて仕事量を増やしてたんじゃないかとすら思うね」

「わ！　それわかる！　うちって残業代全部出るもんね。そうじゃなくても、残業してるほうが評価されるみたいなところもあるし」

「ほんとそうだね。残業が評価されるって変なことだよ。森田先輩いるだろ？　あの人が仕事なんてアホらしいと思うようになったのも、成果よりも労働時間が評価されることに納得いかなかったからなんだって。

で、次にやったのが朝、席についていて今日やることリストを整理すること。メールの処理をする、報告書をつくる、会議資料をつくる、データ整理する、って書き出して、上からとにかくやるようにしてる。

以前は優先順位をどうしようとか考えてて、結局考えたり悩んだりしてる時間ばっかり多くなってたんだよね。もちろん、期限が迫ってるものは別だけど、上から順にやっていったら、思ったほど時間がかからなくなったよ」

仕事の話が楽しい。そう感じていた。

数ヵ月前までは仕事が憂鬱でしょうがなかったが、人との出会い、そして自分が変わることでこんなにも変わるんだと、驚きすら感じる。

すっかり仕事の話で盛り上がってしまい、気づけば読書会ではなく、ただの朝活になってしまった。だが、有意義な時間を過ごせたことに違いはない。

「結局、今日は仕事の話しかしなかったね。また明日同じ時間に」

まだ人の少ないオフィスに向かう足取りは軽やかで、気分は清々しかった。

仕事に追われるから、憂鬱になる

山積みの仕事が目の前にあって、永遠に終わらないんじゃないかと感じる。

口を開けば忙しい、大変だ、疲れた……などと言っている。

これがいわゆる「仕事に追われている」という状態です。

仕事に追われている状態になると、気持ちが憂鬱になりませんか？


私も社会人3年目の頃というのが、一番仕事に追われていました。

先輩や上司から与えられる雑務、そもそも本当にやらなければならないことかもあいまいなまま、言われるままにやる日々……。

社会人1～2年目はそれでもよかったのですが、ある程度できるようになり、同じことの繰り返しになってくると、だんだんと退屈になってきます。

そして、退屈を通り過ぎると「3年間も何やってんだろ、俺」と感じ、憂鬱になっていくわけです。

あなたはどうでしょう？

もし毎日が同じことの繰り返しで、しかも言われたことしかやっていない……言い方は悪いですが、自分でなくてもいい仕事に追われていたとしたら？

メールの返信に追われ、資料の作成に追われ、営業先訪問に追われ、電話対応に追われる……きっと気が滅入ってきたり、憂鬱になったりするのではないでしょうか。

仕事の憂鬱から卒業するために一番大事なことは、「仕事は追われるものではなく、追ってやるものだ」と概念を変えることです。

「追ってやる」ということは、自分で仕事をつくったり、創意工夫をして仕事をすること。

開始動機と継続動機の話は前述しましたが、継続動機にシフトするということです。


先日も、友人のＩＴコンサルタントをしていた人が相談に来ました。

ＩＴコンサルタントと聞くと「かっこいい」「収入が高そう」「エリート」というイメージがあるかもしれません。

実際、彼女は一般的な収入よりもはるかに稼いでいます。

しかし、よくよく話を聞いていると、どうもその仕事に飽きてきて、転職を考えているというのです。

周囲に相談すると「せっかくなかなかつけない仕事についたのに、もったいない」と言われて悩んでしまう。

でも、気持ちは辞めるほうにかたむいている。

そこで「岡崎さんならどうしますか？」と相談に来てくれたわけです。

まず大前提ですが、仕事なんて腐るほどあります。

だから私は「違う」と思うなら辞めてしまえばいいと思っていますし、辞めて後悔があったら戻ればいいだけ。仕事を変えても「戻って来てほしい」と言われるくらい力をつければいいという考えです。

だから、気軽に「やめちゃえば？」とアドバイスすると、人間はあまのじゃくなもので、そう簡単に言われるのも嫌だという。

じゃあ、結局のところ何に不満があるのかと尋ねたところ、「同じことの繰り返しでつまらない」というのです。

ＩＴコンサルタントの仕事と聞くと、工夫の連続のようにも思いますが、結局やることはいつも一緒。ある程度関わったらまた次、また次と、その後を追う時間もなく役に立っている感じもしない。

さらに言えば、成長しているという実感も得られてない。

つまり、継続動機を得られていなかったのです。

これでは、どんなに華がある仕事をしていても、長く続けることは難しいでしょう。


あなたが仕事で憂鬱にならないためには、開始動機から継続動機にシフトする必要があります。そのために大事なことが、自分で仕事を追っていくことなのです。

なぜならば、自分で仕事を追うようになると工夫をすることができ、そこから成長感が得られるからです。


能力ややり方はもちろん大事ですが、じつは人間そこまで能力に差があるものではありません。考え方や前提の違いのほうがずっと大きかったりします。


能力は高いのに、もたもたと仕事が遅い人がいるのは、仕事に追われても気にしてないことが原因なのです。

指示待ちしていていいのは、新人のうちだけ。

自分で仕事を追っていきましょう。

前提を変えましょう。

そう考え方を変えるだけで、仕事のスピードは大きく変わるはずです。

もちろん具体的な方法も大事ですから、仕事を追っていくためにどうすればいいのかについては後述していきます。

憂鬱とサヨナラする方法 16

「仕事に追われて当たり前」という考え方はいますぐやめなさい！

なぜ、残業するのが当たり前になってしまうのか？

私の講演会に参加してくださってる方から、こんな相談をいただきました。

「残業が多く仕事が大変で憂鬱なんです。どうしたらいいと思いますか？」

帰宅時間はいつも24時をまわり、仕事に追われる日々を送っているそうです。

さて、ではなぜ彼はそんなに残業に追われてしまっているのでしょうか？

やはり、ここでも前提の問題があるようです。

彼はあるベンチャー企業で働いているのですが、全員が残業は当たり前とのこと。先に帰るのは気が引ける空気があるそうなのです。

だから「残業はするもの」という前提で仕事をしています。

つまり残業を先に計画して働いているのです。

試しに1日のタイムスケジュールを書いてもらったところびっくりでした。

タバコ休憩やぼーっとしている時間が多く、結局のところ「働いている」と言える時間はたったの4時間ほど。あとは大して仕事をしてなかったのです。

効果的な仕事をしている時間のことを「ネットアワー」と呼びますが、平均的な人の場合、ネットアワーはたったの2割程度といわれています。つまり10時間働いていても結局、

しっかり働いているのは2時間ほど。8時間は無駄に過ごしてしまっているわけです。

ですから彼の場合、「残業するのが当たり前」という前提が仕事を遅くし、毎日残業をするという結果をつくり出していたのです。

ここで少し考えてみてほしいのですが、残業することが美徳という働き方は、今後生き残ることはできるのでしょうか？

経営者から見て残業代は立派にコストです。当然ですが残業代はかからないほうがいい。

さらには人材の募集と定着を考えた場合、残業が多い会社に入りたいという人は少なく、入ったとしてもやめてしまいます。

企業で最も重要な経営資源は「人」です。その大事な人を獲得することができず、獲得してもやめてしまうわけですから、残業が多い会社というのは今後発展する可能性は極めて低いということになります。

ちなみに余談になりますが、人材には二種類あります。「人財」と「人罪」です。

人財とは会社や社会にとって有益で価値を生み出す人ですが、人罪はいるだけでマイナスの影響をおよぼす人です。残業が当たり前という働き方をする人は、当然ですが人罪となってしまうわけです。

もちろん、仕事の佳境でどうしたって残業しなければならないときだってあります。私にだってあります。しかし残業が定常化しているのだとしたら、一度立ち止まって考えてみてください。


本当にその残業は必要なのか？

残業を計画して働いていないか？

ただ雰囲気に流されて残業しているだけじゃないのか？


もし無駄な残業が多いと感じるようなら、やめてしまいましょう。会社にとってもあなたの人生にとっても無駄です。

またこの質問に答えが出ない場合、1日のタイムスケジュールを書き出してみることをおすすめします。きっと自分の働き方を見直すことができるはずです。

憂鬱とサヨナラする方法 17

まわりの空気に流されて残業しない！

仕事量は人件費の分だけ膨張を続けていく

前項で「残業をする理由は、残業をするという前提があるからである」ということをお伝えしました。これをもう少し深掘りしてお話しします。

期限に追われて仕事をすることは誰にでもあることですが、不思議と、期限までに人間なんとかできることが多いです。

期限についてお話しすると、じつは私も原稿を書くときに、本書の担当編集の小寺編集長と約束していることがあります。

それは「毎週、月曜日に原稿を提出する」というものです。

毎週月曜という期限は必ず来ますから、まったくやっていないというわけにはいきません。なんとか原稿を間に合わそうと、創意工夫して原稿を書き上げます。

ほかにも、うちの会社にも決算の期限があるわけですが、当然大変です。期日までに終わらせていないと、税務署に怒られてしまいますから（じつは一度、期限に遅れてこっぴどく怒られました……）。これは緊急かつ重要です。なんとか期限までに終わらせようと一生懸命になり、なんとか期日までに終わらせています。

そんなふうに、期限があるとそこに合わせて仕事をしてしまいます。

これを「パーキンソンの法則」といいます。

正確には、「仕事量は、与えられた時間の分だけ膨張する」という法則です。

たとえば、あるエクセルファイルの作成を依頼されたとします。

1時間でつくるように言われました。すると1時間なりにつくります。

2時間でつくるように言われるとどうなるでしょう。やはり2時間なりにつくります。

3時間なら3時間なりに、4時間なら4時間なりに、時間をかけてつくってしまう。

つまり、与えられた時間に合わせて仕事をしてしまうということです。

人から切られた期限で仕事をすると、その期限に合わせて仕事をしてしまうので、必ず仕事に追われることになります。

仕事を追える人になりたいなら期限を切られて仕事をしてはいけません。自分で期限を切って仕事をしましょう。

もし人に期限を切られている場合は「前倒しで達成する」ことをルールにしてください。

仕事の基本は前倒し達成です。

緊急かつ重要の4象限を、ご存じの方も多いと思います。

仕事に追われるのではなく、仕事を追いかけよう！

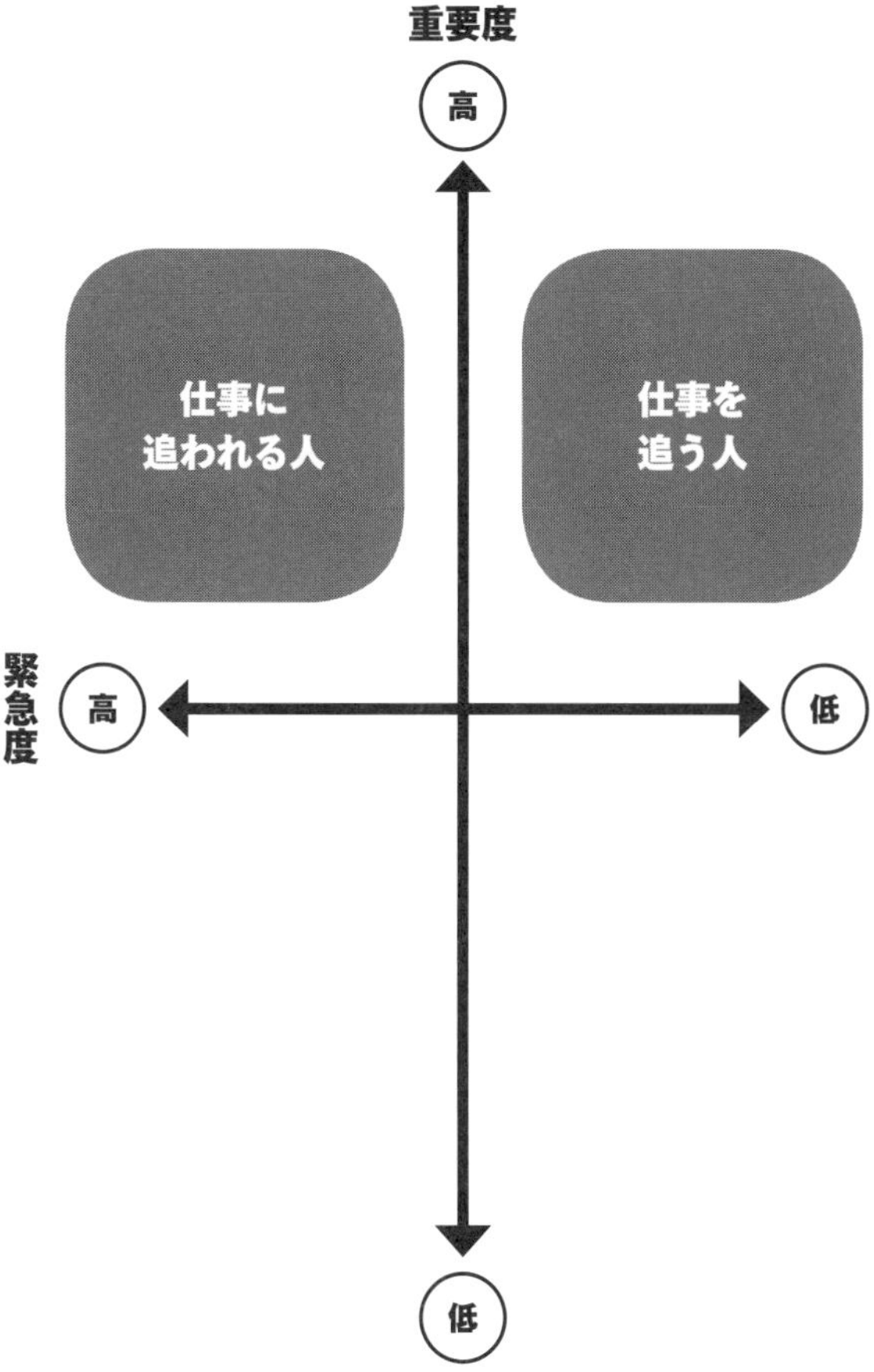

このように横軸に緊急度、縦軸に重要度をとります。

期限に迫られて仕事をすると、緊急かつ重要な仕事に追われることになります。

自分で期限を切ると、期限よりも前に仕事をすることになります。緊急でない重要なこととして仕事ができるので、仕事に余裕が生まれます。

余裕が生まれるからミスが減り、ミスがあったとして修正する時間があるので、仕事に追われることはありません。

相手に言われた期限よりも前に期限を切って、前倒しで仕事を終えるようにすると、仕事に追われる憂鬱から卒業することができるのです。

ちなみにパーキンソンの法則には発展形がありますから、そちらもご紹介しておきます。

それは、

「仕事量は人件費の分だけ膨張する」

という法則です。

どういうことかというと、社長やその場の責任者というのは、暇な人をつくるのを嫌がるものです。だから何か仕事をさせたい。

そうすると「しなくてもいい」「どうでもいい」仕事を与えて、その場をしのいだりしてしまうわけです。

ただ、問題は「もともとはやることがないから、やっていただけの仕事」が定常化してしまい、「じつはやらなくてもいい、どうでもいい仕事」があふれているなんていうことが、ざらにあるということ。

もしかしたらあなたが「しなければならない」と思っている仕事が、単なる人件費に合わせてつくられた〝膨張した仕事〟かもしれません。

一度、仕事を見直してみるといいでしょう。

憂鬱とサヨナラする方法 18

しなくていい無駄な仕事がないか見直そう

ひとりくらいパチンコ屋でサボっていても、仕事はなんとかなってしまうじつは本書のストーリーに出てくる「森田先輩」ですが、彼にはモデルがいます。

会社員時代の先輩で、Ｆさんといいます。

実際のＦさんは、森田よりもずっと適当でした（笑）。

あるとき一緒に朝まで飲んで会社に向かう際に、急に「すまん！　岡崎！　急用ができたから、俺会社休むわ！」と言って、休んだことがありました。

「いや先輩、急用なんて、歩いていて突然できるもんじゃないでしょ？」

「違うんだ、あれだよ」

と言われて見た先にあったのは、「新装開店」の文字。

そう。パチンコ屋の新装開店の旗がはためいていたのです。

一緒の部署で働くこちらとしては大変です。

Ｆ先輩の代わりに、朝からやらなければならないことが山積みになるからです。

すると忙しいですから、本当に必要なことしかできません。

しかし、不思議とそれで十分に仕事がまわってしまいました。

前項でお話ししたパーキンソンの法則の通り、じつはやらなくていい仕事をたくさん抱えていたことに気がついたのです。

あなたが仕事に追われ、憂鬱を抱えないために、まずしなければならないことは仕事の棚卸です。いま自分が抱えている業務（もしくは雑務）は、いったいどれだけあるかを書き出してみましょう。

たとえば、このような感じです。

（例）

・メールの処理をする
・数字の報告書をつくる
・プレゼン資料をつくる
・営業回りをする
・契約を取る
・上司の小休憩に付き合う

・オフィスの掃除をする
・営業先のリストを確認する
・顧客リストに電話をする
・新しい企画立案をする

次に、本当にその業務は必要かについて考え、できるだけやらなくて済むようにしていきます。

たとえば、「上司の小休憩に付き合う」というのも、上司との良好な関係を築く必要があるタイミングなら、なくてはならないことかもしれません。逆に十分信頼関係があり、小休憩中に仕事の話をするわけではなければ、付き合う必要はないでしょう。

数字の報告書も、一見すると大事そうでも、じつは惰性でやっているものもあるかもしれませんし、使われていない可能性もあります。

ほかにもシステムを構築したり、簡単なエクセルなどの関数を使うだけでなくせる仕事かもしれません。

そうやって、「すぐになくしていいもの」「仕組み化すればなくせるもの」を、順次なくしていきましょう。

やらなくていい仕事をつぶすことができたら、次に優先順位のつけかたです。

じつは、基本的に優先順位をつけてはいけません。

「え？　優先順位つけなくていいの？」と驚かれるかもしれません。

さまざまな研修などを受けると、仕事の優先順位のつけ方など学ぶことがあると思います。もちろんそれは大事です。

しかし優先順位をつけて仕事するということは、優劣のある仕事を持っているということなので、仕事の棚卸ができていないということです。

基本的に、大事な仕事以外は抱えてはいけません。

だから、優先順位をつけてどれからやろうと悩んでいる時間が無駄です。

リストアップされている仕事を、上からさっさと片付けましょう。

だいたい先に思い浮かぶものは重要なものなので、そこまで考えなくても優先順位順になっているものです。

あえて優先順位をつけるとしたら、「相手のある仕事を先にする」とだけ覚えておけば、問題ありません。

自分がタスクを抱えているとほかの人が動けませんから、相手のある仕事を先にやって、ほかの人にタスクを回しましょう。

憂鬱とサヨナラする方法 19

無駄な仕事をやめたら、優先順位は必要ない

仕事のスピードを2倍にするスゴイ方法

もしも仕事をいまの倍のスピードで処理することができるようになったら、どうですか？　きっと仕事に対する憂鬱も大きく減るはずです。そしてまわりからの評価も大きく上がるはず。

じつは、次の3つのことを実践するだけで、それは十分に可能です。

①　あきらめて、やる

仕事が遅い人の特徴は、「あきらめが悪い」ということです。

とっととやれば終わるものも、「ああでもない」「こうでもない」と言い訳をつくって、なかなかやらないから遅い。

考えてる時間があるなら、とっととやったほうが早いです。

ちなみに、なんと平均的な人は1日のうち約2時間を何かに悩む時間に使っているそうです。こんなに無駄なことはないでしょう。

もしどうしてもやり方がわからないということなら、考えても答えなんて出てこないので、さくっと聞いてしまいましょう。もちろん「自分で考えろ」という会社組織もありますが、ほとんどの場合は教えてもらえるはずです。

ただし、教わるときの鉄則があります。

それは、言われたことは全部やること。

そして、同じことを二度聞かないで済むようにメモなりして工夫すること。

同じことを何度も聞いてくる人に何かを教えるということほど、無駄なことはありません。一度聞けば完了するように、工夫しましょう。

② クイック&ダーティ

100%の完成度を目指して仕事をする人ほど、無駄が多いものはありません。

まず大前提ですが100%の完成度なんて、普通の仕事ではほとんどありません。どんなシステムだって、必要な修正は後でする前提で、アップデートしながら完成度を上げていくものです。

仕事の完成度は、仕事量の二乗に比例すると思ってください。

たとえば、ある資料を作成するのに10％ほどの出来なら5分でできたとします。

これを20％にするには、20～25分ですよね。
・50％なら2時間
・80％なら4時間
・90％なら8時間
・95％なら――
と、どんどん時間が膨張していきます。

いまはスピード重視の時代です。

たったひとつの資料に、そんなに時間をかけていたら遅いです。

10～20％ほどの出来で、まずは出してしまいましょう。

もちろん完成ではないという前提は伝えますが、80％つくってから見てもらって「方向性が違う」などと言われるよりはるかにいいです。

これが「クイック＆ダーティ」と言われる仕事の仕方です。

案外10％～20％の出来だと思っていたものでも、ＯＫが出ることも増えるはずです。

それはあなたの実力が上がっている場合もあるでしょうし、あなたが思っているほどの完成度は求められていないこともあるからです。

完成度よりもスピードを重視した仕事をしましょう。

③ 無駄なツールを減らし、ルーティンワークは自動化する

仕事の膨張に伴ってありがちなのは、無駄なツールが増えるという状況です。

とくに最近目まぐるしいのは、コミュニケーションツールの数の多さでしょう。

メール、LINE、Facebook、Chatworkなどなど。

コミュニケーションツールが増えると、「あの話って、どこでしたんだっけ？」と、無駄に迷う時間が増えます。

さらに大事な連絡事項が見つからない場合、コミュニケーションミスにつながって、仕事量が結果的に増えることになります。

ツールの数と仕事量は比例していきます。

コミュニケーションツールだけではありませんが、極力無駄なツールは減らしましょう。

次に、日々おこなっているタスクで、いわゆるルーティンワークがあると思います。

ルーティンワークのほぼ100%は、自動化が可能です。

もちろん自動化しないほうがいいものもありますから、効果性から考えて欲しいのですが、右から左にコピー&ペーストするようなレベルの仕事であれば、あなたがやる必要はありません。

システム構築をして自動化できないか、もしくは作業の工程を変えることでなくすことはできないか、考えてみてください。

憂鬱とサヨナラする方法 20

スピードを重視して、あきらめて、まず行動せよ!

Chapter 5

「目標」と「環境」で憂鬱は消せる！

「新年度を迎えるにあたり、社長からひと言いただきます」

ひと言っていうほど、話は短くないよな……とクスクス笑う声が聞こえてくる。

新年度を迎え、毎年恒例となった全社合同会議。入社1年目から参加しているので、だいぶ勝手がわかってきて、それほどの緊張感はなくなっていた。

「社長のご登壇です！　盛大な拍手でお迎えください！」

役員の言葉と拍手によって、社長が登壇してきた。

「みなさん、こんにちは。いつも我が社を支えてくれてありがとう。心から感謝をしています。さて今日は重大な発表をもってきました。みなさんのキャリアプランに大きく影響する話です。ぜひ集中して聞いてください」

一代にして一部上場企業にまで叩き上げてきた社長に、憧れてくる新入社員も多い。

社長が登壇すると、会場の空気がガラリと変わった。

「みなさんもご存じの通り、近年、社会情勢は大きく変化をしています。AIの登場やベーシックインカムの実現に向けての動き、さらにインターネットで世界は瞬時につながり、VRはあたかもそこにあるかのように我々を錯覚させます。これからの私たちは東京の自宅にいながら、パリの街を散策し、ニューヨークの人と対面で話すことができるようになります。そして中国やインド、ブラジル、世界中の人とどこでもつながり、同時通訳により仕事も趣味も共有することができるのです。

この大きな変化を〝第4次産業革命〟と呼ぶ人もいます。まさにこれから革命が起きていきます。では私たちにとって、革命が起きるとはどういう意味でしょう?

私はデジタル情報革命が起きるということを提唱してきましたが、世の中はその通りになりました。そしてそれを手がけた私たちの企業は、瞬く間に世の中に知れ渡ることになり、いまの我が社の礎となったのです。

革命は世の中を変え、チャンスを生み出します。そして変化に遅れたものは無慈悲に忘れ去られていくことになります。時代の先駆者になって、時代を牽引していくリーダーになるのか、時代遅れの無用の長物になり、忘れ去られていく存在になるのか。その選択をしなければならないのが〝革命〟の時代を生きる私たちにとって重要なことなのです」

ここで一呼吸置くと、会場全体を見回した。

まるで全員の同意を待っているかのような不思議な緊張感のある間によって、聞いている全員を魅了していく。

「革命はチャンスを生み出す」という言葉に心惹かれていた。時代が大きく変わる予感と、自分にもチャンスがあるかもしれないと期待感が高まる……。

「我が社は時代の先駆者として、世の中を牽引していくリーダーの輩出に努めます。具体的にはこれから10年で1000人の経営者を輩出していきます。

言われたことしかやらない、やろうとしない、そんな人は残念ながら経営者にはなれません。自ら動き、完璧でなくとも挑戦し、創造力を発揮し、新しいものをつくり出していく人材が必要となります。ではその1000人の1人になるのは、ここの誰でしょう？」

張り詰めた空気が、ピリピリと肌に刺さってくる。

おそらくここにいる全員が、自分ごとで聞いているのだろう。

しかし、自分がそのひとりになっていく可能性は本当にあるんだろうか。具体的に、どうやってそんなことを実現していくつもりなんだろう……。

「詳細な人事制度に関しては、このあと人事担当から話がありますが、これから起こる革命のための変更点は次の3つになります」

スライドショーがスタートし「3つの改革」が映し出された。

1『年功序列の廃止』
まず、年功序列的な仕事の仕方は一切廃止します。もちろん目上の人に対する尊敬や敬意を失ってはいけません。しかし、時代の変化に柔軟に対応する人材発掘をする上で、年功序列という考え方ではついていけません。
たとえ入社1年目であったとしても、優秀な人材には大いに責任を持った仕事をしてもらいたい。失敗があってもいい。そこに新しく挑戦したことに誇りを持ってもらいたい。そして、先に入社している人も、その新しい挑戦を心から応援してもらいたい。

2『完全成果主義』

〝がんばった〟はプロが使う言葉ではありません。がんばらなくていいから、結果をつくるのがプロの世界です。みなさんはお金をもらう以上、プロであるべきです。

そして、これから起こる革命の時代、学生気分で何もしなくても給料が支払われるという認識は捨ててください。結果をつくらなければ誰にも認められない。我々はプロとして仕事をし、成果によって評価されることをよしとする完全成果主義の体質に変えていきます」

年功序列の廃止、完全成果主義の敢行。これには動揺を隠せず、どよめきが起こった。比較的ベンチャー色があると言われてきた会社ではあるが、そこまで思い切った人事制度にはなっていなかった。

むしろ、なんやかんや言っても旧体制の年功序列、もっと具体的にいえば、社歴重視で創業メンバーやその一族が優遇されている節があった。

これを本当に撤廃するとしたら、相当な覚悟がいる話だろう……。

「そして、最後にこれが一番の改革となるでしょう。それは、3『副業の推奨』です！」

会場には今日一番のどよめきが起こった。

確かにニュースなどで〝○○社　副業解禁〟という記事を読んだことがあったが、まさかそれが自分たちの会社で起こるとは思っていなかった。

「成果主義ですから、成果をつくり出せばいくらでもこの会社のなかで稼ぐこともできるでしょう。しかしそれだけでは足りません。あなたたちには、会社の看板を外しても通用する人になってほしいということです。一個人としてどこまで通用するのか、それを試すには自分でスタートアップをするのが一番です。

成功して我が社から独立するのもいいでしょう。仮に失敗したとしても、その経験はあなたを必ず強くする。

私は、人生で一番の糧になるのは失敗の経験だと確信している。その最も重要な糧をこの会社で活かしたらいい。あなたには、失敗をする勇気を持ってほしい。失敗から得た学びであなた自身を強くしてほしい。

そして、その強くなった自分で1000人の経営者の1人になり、応援し合いながら全員が最高の人生に向かっていく起業家集団として、この組織を大きくしてほしい」

1000人の経営者をつくると聞いて感じていた眉ツバ感が、俄然現実味を増してくる。副業解禁でアルバイトしても意味がない。どうせやるなら起業だろう。

そして、それを会社が応援してくれるという。もちろん仕事はきっちりこなすことが前提だろうが、自分の目の前にわかりやすくチャンスが転がってきているのを感じる。

この波に乗らないわけにはいかないだろう。

「社長である私も他人事ではありません。コミットの未達があれば、より適任者に社長の地位を譲り、そのサポートとして学び直すことを宣言します。全員が背水の陣で本気でこの改革に取り組んで欲しい。そして全員でこの改革の時代をチャンスに変えていこう！」

〜〜〜〜〜〜〜〜〜〜〜〜〜〜

いつものように、書斎ＢＡＲに行った。

頭のなかで、今日の社長からあった副業解禁の話がリピートされていた。

自分が独立して、マスターのように自由になって、いまよりもはるかに豊かな人生を送ることができたとしたら……。

「戸川さん、起業って誰でもできることなんですか？　今日、うちの社長から副業解禁、そして１０００人の経営者を輩出していくというビジョンの話があったんです。

自分もできるなら、そのなかの１人に入りたいと思いました。しかし、どうしたらいいかもわかりません。

でも、もし独立していまよりずっと豊かな人生を送ることができるのだとしたら、素敵なことなんじゃないかと思うんです」

「なるほどね。結論を先に言うと、起業は誰でもできるし、正はもうやってるじゃないか」

「え？　まだ何もしてませんが」

「いやいや、朝の読書会やってるだろ？　あれは立派にビジネスになるよ」

朝の読書会をビジネスにしようというアイデアはなかったし、集まった友人からお金をもらうのも気が引けてしまう。そもそも、お金を払ってまで集まりたい会になっているとは思えない。

「読書会がビジネスになるとは思えないって顔をしているね。もちろんいまのままじゃダメだよ。でもね、ビジネスで大事なポイントって2つしかない。その2つを、いまやってることはもう備えている。大事なポイントの2つって、わかるかい?」

「いえ、正直ピンときてません。そもそも自分でビジネスをしようなんて、考えてこなかったので」

「普通はそうだよね。いいかい、ビジネスのポイントは『集客力』と『ビジネスパートナーづくり』だよ。どんな商売でも集客ができなければ絶対にうまくいかない。だいたいどこの企業も集客ができなくて困っているんだ。いいものをつくれば売れるって思っている人もいるけど、そんなにビジネスは甘くない。いいものなんて世間に腐るほどある。

たとえばマクドナルドってあるだろ? マクドナルドのハンバーガーよりも美味しいハンバーガーって、つくれないかな?」

「いえ、お金をかければつくれると思いますし、実際マクドナルドよりも美味しいと思うお店もいっぱいあります」

「そうだよね。だけどマクドナルドよりも多くのハンバーガーを販売することは難しい。それって、マクドナルドの集客力と、マクドナルドに取り組むビジネスパートナーに違いがあるからなんだ」

なるほど。確かに美味しいものをつくれば売れるというだけの話ではないのかもしれない。牛丼屋だって蕎麦屋だって、アパレルや美容店だって、結局のところ集客ができるかとそこで働く人や社長の手腕によるものが大きいのだろう。

「正は読書会を通して、集客の勉強ができている。そして香織ちゃんというビジネスパートナーもいる。あとはお金を払ってもいいと思われるサービスを考えたらいいだけだよ」

「でもそのサービスが思いつかないんですが……」

「そんなの簡単さ。その辺でやってるビジネスを、そのままパクったらいいんだから。俺もそうだけど、ＢＡＲの経営なんてどこかのパクリだよ。特別なＢＡＲなんて、そう見たことない。なんなら一緒に書斎ＢＡＲやってみるかい？」

「え⁉」

そんな、願ってもない話をもらえるとは思ってもみなかった。

戸川さんと一緒に商売ができる。こんなに面白い話はほかにないだろう。

起業して、戸川さんのように成功していきたいという夢が、一気に現実味を増す。

「いい目をしてるね。ちょっと前までの憂鬱な雰囲気とは一変して生き生きしている。憂鬱を払拭する一番の方法は、目標を持ってそこに向かって挑戦することだ。

正、もしやるなら本当の挑戦はここからだ。このチャンスを活かすも殺すも自分次第。一緒にやるなら俺も本気だ。だからお前も腹をくくってほしい。やり始めたことは結果を出すまで必ずやるんだ。中途半端なところでやめることがないようにしてくれよ」

期待にあふれた店内に、ＢＧＭが心地よく流れていた。

自転車はゆっくり走ると
フラフラする。
人生も一緒だ

「自転車だってゆっくり漕いだらフラフラするだろ？　人生も一緒だよ。ゆっくりやってるから、フラフラと脇目ばかりして、なかなか前進しないんだよ」

数年前、私が仕事に悩みイマイチ煮えきらない、そう感じていたときに師匠からいただいた言葉です。

当時の私はある程度の余裕があり、幸い生活に困ることはない状態にいました。だから、それほど必死にならなくても困ってなかったのです。人間は不思議なもので、困っていないときのほうが悩んだり不安になったりするものです。

そこで師匠にそのことを相談したところ、

「悩んでいられるほど暇なんだよ」

と一蹴されてしまったわけです。

では、なぜそんなにゆっくりしてしまっていたのでしょうか？

答えは簡単です。新しい目標がなかったからです。

学生時代などを思い出してみてください。受験勉強でなんとか合格することに必死のときは脇目も振らずに勉強に打ち込んでいたはずです。そして、必死になっているときには不安になる暇もなくなっていたはずです。

本気であればあるほど、ゆっくりしている時間なんてありません。

逆に、勉強の合間やなんの役にも立たないようなことをしているときに限って、不安が襲ってきたのではないでしょうか。感情の揺れが発生するのは、目標を忘れ、なんとなく過ごしてしまっているときなのです。

悩んだり、意味もなく不安になる一番の原因は、目標がなくて暇なこと。

とはいっても、なかなか燃えられる目標が見つからないという人も多いと思います。

そんな人は、燃えなくてもいいから、何かひとつ目標を決めてみてください。

三日坊主になりそう？　いいんです。三日坊主でも、やらないよりやったほうがいい。

やらずに考えてばかりで行動しないほうが、ずっと無駄です。物事は、わかるからやるのではなく、やるからわかる、です。やってみないうちは何もわかりません。

いまあなたがやっていることのなかで、やる前からわかっていたものはどれほどありますか？　わかったつもりになって始めてみても、始めてみたらまったくわかっていなかったことに気づくことばかりのはずです。そして行動し始めると面白くなる。

「感情は行動の産物」という言葉があります。感情があって行動するのではなく、行動が感情をつくり出しているのです。

試しに、スキップしながら落ち込んでみてください。できますか？

おそらく難しいでしょう。

ウィリアム・ジェームズという心理学者は言いました。

「人は楽しいから笑うのではない、笑うから楽しいのだ」

感情は後からついてくるものなので、燃える目標が降って湧いてくることなんて、ありません。行動によって出会い、行動によって燃えてくるものなのです。

なかなか燃える目標が見つからないという人は、まず小さい目標でいいので決めて行動することから始めてみてください。

憂鬱とサヨナラする方法 21

小さな目標を決めて、とりあえずやってみよう

私たちは、世の中のことを1％も知らない

最近、面白い遊びを発見しました。何かというと、カイトに引かれる力（要は凧揚げ）を使ってサーフィンをする「カイトサーフィン」というスポーツです。海外でよく見かけていたので興味があったのですが、日本では見たことがありませんでした。

しかし、その話をまわりにしたところ、千葉の外房で見たことがあるというのです。

鉄は熱いうちに打てといいますから、早速問い合わせをしてレッスンへ。

カイトを操ってサーフィンをするまではできませんでしたが、初めてにしてはまずまず。今後も続けたいと思って先生と話をしていると、先生のカイトサーフィン歴はなんと20年。「海外でやっていたんですか？」と尋ねたところ、そのスクールでは20年前から教えていたというのです。これにはビックリ。まだできて数年の新しいスポーツかと思いきや、そんなに昔からやっていたというのです。要は知らなかっただけです。

ここで大事なことは、人は知ってるものからしか選べず、そして思ってるほど大して世の中のことを知らないということです。

おそらく1％も知らないでしょう。

ソクラテスの「無知の知」ではないですが、まず自分は思ったほど世の中のことを知らないということを自覚することが大事です。

すると途端に視野が広くなり、もっと多くのことを知ろうとします。

たとえば、あなたがいつも使っているスマホの形状を、記憶だけでどこまで詳細に思い出すことができますか？　おそらく毎日、目にしていても、ちょっとしたロゴや傷など見落としがちだったりします。実物を見ずに正確に思い出せる人は、そう多くありません。

人は知っているものからしか、目標を決めることはできません。

だから、なかなか目標が見つからないという人は、単に知ってるものが少ないだけです。

いま知っているもののなかから、自分の目標探しをするのはやめてみましょう。

いままでに知ってきたものでは、残念ながら目標にするべきものに出会ってこなかったということだからです。

目標が見つからないという人は、まず知る努力からしていきましょう。

最初は幅広く知っていく、ということを目標にしたらいいのです。

いったん自分の知ってるつもりを置いて、新しいものに触れる数を増やしてみると、いままで知らなかった多くのことと出会うことができるはずです。

目標には具体的な数字があったほうがいいので、まずは出会う人の数を目標にしてみてはどうでしょうか。そして出会った人のおすすめは、できる範囲内のことであればなんでもやってみてください。うまくいくことばかりではなくても、きっと自分だけでは選ばない体験ができるはずです。

読書も素晴らしいです。できれば定期的に本屋さんにいくことがおすすめです。ネット書店なども素晴らしいですが、どうしても情報が興味のあるものに偏りがちになります。

その点、本屋さんは自分の興味に関係なく陳列がされており、否が応でも新しい情報が入ってくるからです。

ここでもルールを決めましょう。

それは「気になったら必ず買う」というルールです。なぜならお金を出すと人は本気になるからです。借りたり立ち読みしたりでは、本気になるのは難しいです。

憂鬱とサヨナラする方法 22

「自分が知ってることは少ない」ということを自覚しよう

とりあえず、言っちゃおう

２０１７年8月11日早朝のこと。鬱蒼とした森を数名と歩くことに。まだ薄暗い森は、神秘的な雰囲気と不気味な雰囲気が入り乱れ、細く曲がりくねった道は人の通りが少ないことを思わせるに十分なだけの草が生い茂る。歩き始めて30分、驚異の看板が……。

「熊、注意！」

まじか？　もし現れたらどうする？

さて、私はなぜそんなところにいたのか。

この話は実話なのですが、その日私は、富士山を0合目から登るために富士吉田市にある富士浅間神社にきていたのです。

普通の人は5合目から登ります。でも私たちは0合目から登ることに。

その理由は「言っちゃった」から。

何があったかというと、私のセミナーで、冗談半分で「0合目から登ったら面白いよね」と言ってしまったのです。すると、学生時代に富士山研究をしていた女性が真に受けて、企画を始めてしまい。8月11日は私の誕生日なのですが、「山の日に富士山で岡崎さんの誕生日を祝おう」というありがた迷惑な企画が勝手に決まっていたのです。

しかし、言ったのは確かです。言ったのにやらないのはカッコ悪すぎます。

なので観念して登ることにしたというわけです。

この「言っちゃう」ということがポイントです。

誰だって嘘はつきたくありません。言えばやろうと観念する。だから興味があることはまず「言っちゃう」のが大事です。そして、できればまわりを巻き込んでしまいましょう。すると責任感も生まれて、行動することになることが多いです。

「叶う」という字があります。口に十と書きます。

毎日10回、口にしていると叶う、というのです。

「流れ星が流れているうちに10回願いを言えたら叶う」と聞いたことありませんか？　あれは本当です。なぜなら、流れ星が流れるのは急であり一瞬です。だから、いつも頭に描いていないと、あの一瞬で口にするのは不可能なんです。そして、そのくらい真剣にいつも願っていることなら、願うだけでなく行動も変わるはず。

成功する人は宝くじ売り場には並びません。

たとえば、あなたに「結婚してほしい」という人が現れたとします。そのとき、「宝くじが当たったら結婚してください」と言われたら、本気だとは思えないですよね。

本気な人は行動するし、人間は本気でやってできないことなんてありません。

ちなみに私の言う「本気」とは、「すぐやる」「なんでもやる」「できるまでやる」「とことんやる」状態、つまりコミットのことです。

「いつまでに何をやります！」と宣言することがコミットだと勘違いしている人がいますが、それはコミットではなく目標を宣言しているだけです。

失敗したらどうしよう、恥かきたくないな、できる自信もないし、とそんなことを気にしているとしたら、それはコミットではないのです。

とはいえ、本気でコミットした状態にするには、準備もいるかもしれません。

いきなりコミットまでできないという人は、最初はまわりの人に宣言することから始めて、後戻りしにくい環境をつくっていくことから始めていきましょう。

憂鬱とサヨナラする方法 23

口にして、やるしかない状況をつくろう

強制的に、仲間と達成に向かう環境をつくる

「一狩りいこうぜ！」

このフレーズ、聞いたことはありますか？

人気MMOゲーム「モンスターハンター」のキャッチコピーです。

MMOとは、「Massively Multiplayer Online」の略で、その意味は、大人数が参加型で遊ぶゲームだと思っていただければ問題ありません。

さて、このMMOと言われるカテゴリーのゲームが、いま人気があります。

なぜなのでしょうか？

ゲームの世界は大きく2つのカテゴリーに分けることができます。

1つはシングルプレイ。要は1人用のゲームです。往年の名ゲームに多いのは、ほとんどシングルプレイのゲームです。

しかし最近は、流れが変わりました。

インターネットの発展により、一緒にいなくても仲間とプレイができる。

そう、2つめのカテゴリーはマルチプレイです。

私も何度かマルチプレイのゲームにハマったことがありますが、これは面白いけど、じつはなかなか大変です。

何が大変かというと、仲間と一緒に敵を倒したりしますから、決められた時間に必ずログインしないといけないのです。

せっかくつくった仲間との信頼関係を崩したくない。

期待に応えて頼りにされたい。

逆に、仲間はずれにされてチームから外されたくないなんて理由もあって、1人でプレイするゲームよりも、はるかにゲームの参加率がよくなります。

こんなふうに、仲間がいると1人のときよりもはるかに行動しやすくなります。

これは、ゲームに限った話ではありません。

新しいチャレンジを始めてもなかなか思ったように続かない。

ちょっと壁にぶつかるとすぐに凹んでしまう。

普通はそういう人がほとんどです。

じゃあどうしたらいいかというと、仲間をつくるのが一番です。

一緒に挑戦する仲間がいて、励まし合うことで、1人のときよりはるかに継続するのが容易になり、目標達成できる可能性が上がるからです。

では、どうしたら仲間ができるのか？

それも先にお伝えした「毎日10回口にする」が一番です。

まわりの人に、自分の目標をいっぱい伝えてみてください。

子どものときに「この指とまれ！」としたのと一緒で、言い続けると必ず一緒にやってくれる人が見つかります。

ただ、一点気をつけてください。

「誰にでも言えばいい」とは限りません。

新しいチャレンジと聞くと、なんでも反対したがるドリームキラーと言われる人たちがいます。この人たちには言わないのが一番です。「いいね！」と反応してくれる人のみに話すようにしましょう。

そして、仲間が見つかったら、ぜひしてほしいことがあります。

それは「前祝い」です。

前祝いとは、文字通り、先に祝ってしまうことです。

ちょっと衝撃的な話ですが、脳には時間を感知する部位がありません。視覚野や聴覚野など脳の部位に名前がついていますが、時間野と言われる部位はないのです。

脳は、時間によって物事を見ていないのです。

たとえば、自分のなかで解決していない過去の問題、嫌な気分、一般的にトラウマといわれるものがあると、過去のもののはずなのに、いまだに嫌な気分を味わうことができます。

これは、起きた問題が過去の問題だとしても解決していない以上、脳はいまの問題として捉えているからです。

ですから、これから起こる嬉しいことを「前祝い」すると、脳の勘違いが始まります。

過去の問題がいまに残るように、前祝いをすると、脳は勘違いして未来に起こすことをいまのこととして喜び始めます。

すると、脳は喜びたいので、前祝いした目標に対して達成しようと活動するのです。

「居酒屋甲子園」などで有名な、居酒屋てっぺん社長の大嶋啓介さんの『前祝いの法則』(フォレスト出版)などを読むと、このあたりのところがよく理解できます。素晴らしい本で、おすすめです。

ぜひ仲間を見つけて、前祝いで盛り上がってみてください。

憂鬱とサヨナラする方法 24

仲間を見つけて「前祝い」しよう

人生に「向き・不向き」なんてない

人生は、ゲームにたとえて考えるとわかりやすくなります。

私が子どものころ、「無敵モード」があるゲームが多々ありました。ほかにも最高レベルでゲームを始められたりする設定も。

すると不思議なもので、最初こそ面白くプレイすることができても、すぐにゲームが面白くなくなってしまいます。

なぜなら、失敗が絶対ないゲームほどつまらないものはないからです。

逆に言えば、失敗がゲームを面白くしているともいえます。

それと同じように、人生を面白くしてくれているのは失敗の経験です。失敗というスパイスがあるから成功体験が輝くし、面白いものにしてくれています。

あなたは、「すんなりと何事もなくうまくいってしまったこと」を、どこまで覚えていますか？　おそらく、あまり覚えていないはずです。

むしろ、いっぱい失敗して苦労して手に入れた結果ほど、よく覚えているものです。

あなたが夢を持ち、それに向かって挑戦するとき、必ず失敗がつきものになります。

「失敗を喜べ！」とまでは言いませんが、「失敗を乗り越えたら面白いことになるぞ」と思ってみてください。

人前で講演などをする場合、成功体験よりも失敗体験を話すほうが喜ばれることが多いです。実際私も、失敗体験の話をしているときのほうが喜ばれることを、多々見てきています。

それはそうですよね。「人の不幸は蜜の味がする」と言いますから。

失敗した経験が成功したときのネタになり、あなたの人生に厚みを持たせてくれます。

「魅力あるものは経験を語り、魅力ないものは知識を語る」といいます。

魅力あるものが語るのは、成功体験よりも失敗経験です。それがいままさに、挑戦している人に勇気を与えることを知っているから。

最近の若い方は、少しうまくいかないと「自分には向いていない」とあきらめることが多いと聞きます。もちろん全員ではないのでしょうが。

少し厳しいかもしれませんが、私はそんな人にこう聞きたい。

「向き・不向きがわかるほどに、挑戦したの？」

いろいろなことに挑戦してきましたが、人間には向き・不向きなんてありません。

全力で取り組んだか、取り組んでないかがあるだけ。

全力で取り組んでできなかったのなら、しかたなかったのかもしれません。でも、そうでもなければ向き・不向きなんてわかりません。

やりもしないであきらめても、何もできるようになることなんてありません。

何事も最初はみんな不向きです。

やった分だけ向いてくる、ただそれだけです。

あなたが夢に向かって挑戦するとき、必ず「向いていないんじゃないか？」「あきらめたほうが楽なんじゃないか？」というマイナスの誘惑に出会うことでしょう。

それが普通です。

大丈夫、どんな立派な成功者だって同じような経験をしているものです。

あなただけではありません。

一緒に乗り越えましょう。

乗り越えた先に、必ずあなたの理想が待っているはずだから。

成功する人は一握りという人もいますが、それは間違いです。

人生は確率論ではありません。
成功するまでやった人が一握りというだけで、本当は全員、成功することが可能です。

夢を持ちましょう。
目標をつくりましょう。
人生に期待しましょう。

憂鬱は、自分のステージを上げるための人生からのメッセージです。
夢を持ち、挑戦し、憂鬱からの卒業の一歩を踏み出しましょう。

憂鬱とサヨナラする方法 25

うまくいくまで続ければいいだけ

―とある憂鬱な男のその後―

〜〜〜〜〜〜〜〜〜〜〜〜

斉藤正　様

新規出店おめでとう！

心より、お祝い申し上げます。

東京を離れて1年、まさかお前が自分で起業するとは思ってなかったよ。

開店初日の今日、本当は店に顔を出したいところだが、

残念ながら、こちらの仕事で忙しく東京には向かえません。

遠方からだけど、その一歩が成功に向かっていると期待し、応援しています。

小池より

〜〜〜〜〜〜〜〜〜〜〜〜

朝から嬉しさで満ちていた。

どこで嗅ぎつけたのか、ずっとお世話になっていた以前の上司から手紙が届いたのだ。尊敬する人から手紙をもらうのも初めてで、心から嬉しかった。

柄にもなく可愛い絵の入った封筒に、最初は疑問に思ったが、同封されていた写真を見て納得した。

「P．S．　結婚することになりました！　結婚式、来いよ！」

メッセージ付きの写真には、小池課長には似合わない可愛らしい女性が写っている。左遷されて落ち込んでいるかと思っていたら、ちゃっかりしている。

人間、何があるかわからないものだ。

どうやら、異動先で新卒の女の子と付き合うことになり、結婚にまで至ったようだ。

おそらく、その女性が封筒を選んだのだろう。

どう考えても、あの人が選ぶような柄ではない。

戸川に弟子入りすることを決めたあの日から、まだたったの2ヵ月しか経っていなかった。

「鉄は熱いうちに叩けだ！」という戸川のもと、急ピッチで進められた新しい書斎BARは、瞬く間に完成することになった。

おかげでこの2ヵ月間、怒涛の毎日を過ごすことになった。

副業が解禁されたからといって、仕事を適当にしていいということではない。むしろその逆で、会社の仕事を適当にしていたら、たとえ起業したとしても誰も応援してくれないだろう。そう思い、以前以上に真剣に取り組むことにした。

さらに、バーテンダーの経験がなかったため、書斎BARのアルバイトをさせてもらい、終わった後は地道に練習の日々を過ごし、新しい出店計画を戸川と進めるという多忙さだった。

ただ面白いもので、まったく疲れはなかった。むしろ自分の夢に向かって動き出すことがこんなにも面白いものなのだと、驚きさえ感じていた。

夢に向かって挑戦していると、そのプロセスまで面白くなるようだ。

開店初日の今日、あえて土曜日を選ぶことにした。

会社が休みということもあるが、まだ一般のお客様に入っていただくには自信がなかったからだ。まずは土日に友人を呼んで、練習をさせてもらうことにしたのだ。

お店の場所は幸い、自宅と会社のそばに見つけることができた。というか、戸川が見つけてきたのだ。どうやら前々から物件を探していたらしく、声をかけてくれたときには目星がついていたらしい。

もちろん俺が「やる」と言わなければ話は進まなかったのだろうが、戸川にうまくやられたようだ。ありがたい策略に乗るのも、人生を好転させる素晴らしい戦略だ。


まだ開店準備を始めるにはだいぶ早いが、家を出ることにした。

土曜のオフィス街は人が少なく、いつもと違った顔を見せる。

土日に戸川が主催するセミナーに参加するようになり、昼に歩くことはなかったが、今日は開店初日ということもあり、セミナーは休ませてもらったのだ。

セミナーで学ぶことは面白いが、それを実践できることはもっと楽しみだ。

「よ！　早いな！」

店につくと、戸川が待っていた。

まさかこんなに早くいるとは思っていなかった。してやられてしまった……。

「おはようございます。って戸川さん、いくらなんでも早すぎませんか？　それにセミナー会場にいなくていいんですか？」

「ああ、サプライズにあれを渡そうと思ってな。セミナーは任せられる人間がいっぱいいるからさ」

指差した先に置かれていたのは、大きな花輪。

そして大きな文字で、「祝！　開店！」と書かれていた。

「よくこの2ヵ月がんばったな。突貫工事だったけど、お客様にサービスできるレベルまで来れたと思う。あとは実践だ。

もちろん、うまくいくことばかりではないと思う。でもそれが自分で商売をするということの面白さでもある。これからいろんな経験をすることだろう。だが1人じゃないぞ。俺も香織ちゃんもいる。一緒に障害を乗り越えて、素晴らしい店をつくって、正の人生をもっと面白いものにしていこう！」

やられた……。思わず涙があふれる。

「じゃーん！　おめでとう！」

と、花束を持って香織も現れた。どうやら陰で見てたらしい。

「おいおい、おめでとうって、お前も一緒にやるんだぞ」

「そうはいっても、あなたがメインでしょ。私は集客担当。ちゃんともらうものはもらうからね～♪」

ははは、と3人で笑ってしまった。

戸川が出資とアドバイザーをし、香織が集客をし、自分は店の経営を担うという役割分担をしたのだ。まさに3人は最高のビジネスパートナーになっていた。

「さ、今日は忙しいわよ！　ありったけお客さん集めたんだから。開店初日、盛大に盛り上げていきましょ！」

憂鬱な気分なんて微塵もない、そんな1日が始まった――。

Epilogue

私だって、憂鬱です

「人生に無駄なものは、ひとつもない」

これは、私が大事にしている格言であり、私を支えてくれている言葉です。

振り返ってみると、私の人生にもいろいろなことがありました。

「なぜこんなに苦しい思いまでして、生きてるんだろう」と思ったことさえあります。

誰でも自分の人生観をつくる時期があるものですが、おそらく私の人生観をつくったのは小学生高学年のころだったと思います。

記憶が正しければ、小学校5年生から胃潰瘍を患い、胃痛と吐き気があたりまえの日々。毎日が苦しくて、自分の身体の弱さを心から恨んでいました。

しかし、いまとなっては、そのころに「我慢」を覚え、障害に立ち向かう力強さを得ることができ、生きるということを考えた貴重な体験だったと思います。

ですから「岡崎かつひろ」という人を語るうえで、なくてはならない大切な体験になっているのです。


本書のテーマ「憂鬱」ですが、これも人生ではなくてはならないものなのです。

本文でもお伝えしましたが、憂鬱を感じるときは、必ず裏側には期待があるのです。

ですから、あなたが抱えている憂鬱は人生を変えるチャンスを秘めています。

すべての感情や、それにまつわる出来事は、あなたにとって必要なものです。決して否定しないでください。

憂鬱にさいなまれ、暗く落ち込むときもあるでしょう。

不安にかられ、すべてのことから逃げ出したくなるときもあるでしょう。

怒りに振り回され、あらゆるものを壊したくなることもあるでしょう。

そのすべてが、あっていいのです。

まずはその感情を受け入れて、許してあげてください。

「そんな感情が沸き起こることだってある、だって人間だもん」と。

人間だから、不安になることも、憂鬱になることも、怒りに燃えることもあります。

「そうそう、俺だって人間だもん、憂鬱になることくらいあるよね」と、声をかけてあげてください。

でも、肝心なことはここから。

感情に振り回されて成功している人はいません。

むしろ感情のまま行動する人は必ず不幸になります。感情という、自分のなかに生きるわがままなペットを、温かく飼い慣らしてあげてください。

先日、この原稿を読んでもらった友人に、こんな質問をもらいました。

「なんで憂鬱をテーマにしたんですか?」

さあ、なぜだと思いますか?

答えは簡単です。

私が憂鬱だったからです。

こんな本を書く人だから、憂鬱にならないと思っている人もいるかもしれませんが、ま

った く逆です。

憂鬱になったから、この本のテーマを思いついたのです。

「チャンスと障害はワンセット」と言いますが、本当にその通りです。

この本を手に取ってくださったということは、何かしらの憂鬱や不安があったのかもしれません。

それは、あなたを次のステップに進めるためのサクセスコールです。

否定する必要も凹む必要もありません。大事に向き合ってあげてください。

きっと、あなたの人生のステージを上げるチャンスが、そこにあるはず。

この本をきっかけに、憂鬱から卒業し、人生のステージを上げる力強い一歩を踏み出しましょう。


あなたならできる。心から応援しています。

【追伸】

正の彼女はどうなったのか？　その後、正のビジネスが成功したのか？　気になるという方へ。

その答えは、あなたの想像にお任せします。

人生にはいろいろな可能性があります。彼女と結婚しているかもしれないし、ビジネスに失敗している可能性だってあるでしょう。それは正の選択次第です。

むしろ私はあなたに聞きたい。あなたならどうしますか？

大事なことは正がどうしたか、よりもあなたならどうするか、です。

きっと新たな挑戦をすると似たような経験をすることでしょう。

ぜひ、あなたにとってベストの選択を。

岡崎かつひろ

【主な参考文献】

『セックスしたがる男、愛を求める女』アラン・ピーズ、バーバラ・ピーズ 著／藤井留美 翻訳（主婦の友社）
『金持ち父さん 貧乏父さん』ロバート・キヨサキ 著／白根美保子 翻訳（筑摩書房）
『自助論』サミュエル・スマイルズ 著／竹内均 翻訳（三笠書房）
『上京物語』喜多川泰 著（ディスカヴァー・トゥエンティワン）
『前祝いの法則』ひすいこたろう、大嶋啓介 著（フォレスト出版）
『ワーク・シフト』リンダ・グラットン 著／池村千秋 翻訳（プレジデント社）
『モチベーション3・0』ダニエル・ピンク 著／大前研一 翻訳（講談社）
『「原因」と「結果」の法則』ジェームズ・アレン 著／坂本貢一 翻訳（サンマーク出版）

著者プロフィール

岡崎かつひろ（おかざき・かつひろ）

株式会社DW代表取締役、他2社を有する経営者。ビジネストレーニング事業、業務コンサルティング、小売店支援、飲食店経営、飲食店コンサルティング、旅行事業、会議室事業など多岐に展開する。埼玉県坂戸市生まれ。ソフトバンクBB株式会社入社後、4年で独立。飲食店事業において、スタンディングバー「SHINBASHI」は連日大行列となり、各種メディアに取り上げられる。有限会社志縁塾が主催する日本最大級の講師イベント「全国・講師オーディション2015」の決勝にも残り、口コミから始めた講演会は、いまでは毎回400名以上も集まる。累積動員人数では10万人を超える。

「すべての人の最大限の可能性に貢献すること」を企業理念に精力的に活動する。

業種を問わず、どこにいっても通用する一流のビジネスパーソンの育成をテーマに、パーソナルモチベーターとしても活躍。多くの若者のメンターでもある注目の起業家である。

著書に『自分を安売りするのは〝いますぐ〟やめなさい。』『言いなりの人生は〝いますぐ〟やめなさい。』（共にきずな出版）がある。

岡崎かつひろ公式LINE:@caj5048n

憂鬱《ゆううつ》な毎日は“いますぐ”やめなさい。

2019年2月1日　第1刷発行

著　者　　岡崎かつひろ

発行人　　櫻井秀勲
発行所　　きずな出版
東京都新宿区白銀町1-13　〒162-0816
電話03-3260-0391　振替00160-2-633551
http://www.kizuna-pub.jp/

印刷・製本　モリモト印刷

ISBN978-4-86663-061-8

きずな出版

\\ いますぐ手に入る！ //

『憂鬱な毎日は“いますぐ”やめなさい。』
読者限定無料プレゼント

PDF

超豪華！未公開原稿
「最高のパートナーシップをつくるには?」

本書を通して、憂鬱な毎日から抜け出す方法を学んでいただきました。
じつは、ある事情から泣く泣くカットせざるを得なかった、未公開原稿があります。

そこで、未公開原稿を読者限定でプレゼントさせていただきます！
ぜひ手に入れて、最大限の学びと結果を得てくださいね。

無料プレゼントは
こちらにアクセスして入手してください！

http://www.kizuna-pub.jp/yuutsu_gift/

※PDF は WEB 上で公開するものであり、冊子等をお送りするものではございません。あらかじめご了承ください。